WORKBOOK
LABORATORY MANUAL
VIDEO MANUAL

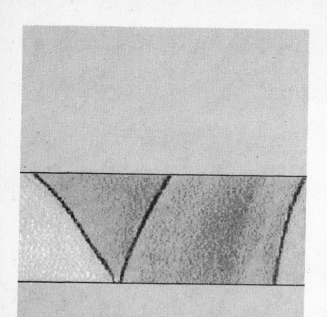

¡Hola, amigos!

SIXTH EDITION

Ana C. Jarvis
Chandler-Gilbert Community College

Raquel Lebredo
California Baptist University

Houghton Mifflin Company   Boston   New York

Publisher: Rolando Hernández
Development Manager: Sharla Zwirek
Development Editor: Rafael Burgos-Mirabal
Editorial Assistant: Erin Kern
Project Editor: Amy Johnson
Manufacturing Manager: Florence Cadran
Senior Marketing Manager: Tina Crowley Desprez

Printed in the U.S.A.

ISBN: 0-618-33574-9

4 5 6 7 8 9 – CS – 07 06 05

Contents

¡Hola, amigos!   **iii**

Answer Keys   299

To the Instructor

The *Workbook / Laboratory Manual / Video Manual* is a fully integrated component of *¡Hola, amigos!*, Sixth Edition, a complete introductory Spanish program for the college level. The Workbook and Laboratory Manual sections reinforce the grammar, vocabulary, and cultural information presented in the *¡Hola, amigos!* core text and helps students to develop their listening, speaking, reading, and writing skills. The Video Manual, intended to be used with the newly revised *¡Hola, amigos! Video,* expands upon the cultural information in the textbook to further develop students' listening skills and cultural awareness.

The organization of the *Workbook / Laboratory Manual / Video Manual* is correlated to the student text. The Workbook and Laboratory Manual sections provide activities for the fourteen textbook lessons. The Video Manual contains a video activity section for each of the fourteen video selections. At the beginning of the Laboratory Manual, an *Introduction to Spanish Sounds* is recorded on the lab audio program, which assists students in making the connections between sounds and letters needed in order to pronounce Spanish correctly.

New to the Sixth Edition

- Worbook and Laboratory Manual activities have been revised to reflect the changes in the textbook's organization and content. Some activities have been rewritten with a tighter contextualization to better support and prepare students.

- New activities have been added to each lesson of the Workbook section, including an activity that focuses on the cultural targets of each lesson. More realia-based activities are now included as well.

- A new cumulative activity has been added to each lesson of the Laboratory Manual that requires students to put structures, culture, and vocabulary together and respond orally.

- Activities in the Video Manual have been revised slightly to coordinate with the revised *¡Hola, amigos! Video.* Activity types include pre- and post-viewing and expansion activities for the fourteen video lessons.

The Workbook Activities

The *Para Practicar* section of the Workbook offers a variety of writing activities—sentence completion, matching, fill-in charts, sentence transformation, and illustration-based exercises—that provide further practice and reinforcement of concepts presented in the textbook. Each lesson also includes a crossword puzzle for vocabulary review and a reading comprehension passage, and a writing skill development section.

Each Workbook lesson features a section entitled *Para leer,* consisting of an authentic reading that re-enters the vocabulary and grammar of the textbook lesson followed by questions to test reading comprehension. Each lesson also features a section entitled *Para escribir,* which presents a writing topic related to the theme of the textbook lesson and includes strategies to help develop writing skills. Each lesson concludes with *Sobre la cultura hispana* that revisits the cultural notions presented in the tesxtbook and checks students' comprehension in writing. An answer key for all written exercises is provided for self-correction.

¡Hola, amigos!   **v**

The Laboratory Manual Activities

The Laboratory Activities accompany the audio program of *¡Hola, amigos!*, Sixth Edition and opens with an Introduction to Spanish Sounds designed to make learners aware of the differences between Spanish and English pronunciation. Each lesson of the Laboratory Manual features pronunciation, structure, listening-and-speaking practice, illustration-based listening comprehension, and dictation exercises to be used in conjunction with the audio program. An answer key for the Dictation exercises of the Laboratory Manual is provided for self-correction in the back of the Manual. An audioscript of the entire Audio Program is available in the Instructor's Resource Manual for further support.

The Laboratory Activities provide listening, speaking, and writing practice for each lesson under the following headings:

Pronunciación: Practice of the sounds presented in each textbook lesson is featured through Lesson 7. Thereafter, general pronunciation and intonation practice is provided. Words, phrases, and sentences using vocabulary from the textbook lessons are read with pauses for student repetition.

Diálogos / Preguntas y respuestas: The dialogues from the textbook are read first without pauses and then with pauses for student repetition. The dialogues are followed by questions, printed in the Laboratory Activities pages, that verify comprehension and provide oral practice.

Puntos para recordar: A set of three to five exercises provide listening and speaking practice and test mastery of the grammar topics introduced in each lesson. Models for these exercises are printed in the Laboratory Activities pages.

Díganos: Questions related to students' own lives reinforce the lesson theme and provide additional listening and speaking.

Ejercicios de comprensión: A multiple-choice, illustration-based listening comprehension exercise that draws on the topics and vocabulary covered in each lesson is followed by an exercise consisting of a series of statements that students must confirm or refute based on their understanding of key vocabulary and ideas from the lesson.

Para escuchar y escribir: A dictation topically and structurally connected to the textbook lesson concludes each lab session. Dictations are printed in the Answer Key at the end of the *Workbook / Laboratory Manual / Video Manual* for easy self-correction.

Audio Program

The Audio Program, available on CD, provides approximately thirty to forty minutes per lesson of exercises recorded by native speakers. Pronunciation exercises begin each lesson then the textbook dialogues appear as listening and pronunciation exercises in each lesson; they are dramatized once at natural speed, then reread with pauses for student repetition. They are followed by comprehension questions on the dialogues, structured grammar exercises (one for each point in the lesson), a listening comprehension activity, and a dictation. A comprehensive review section of questions follows Lesson 14. Answers to all exercises, except the dictation, are provided on the audio CDs.

The Video Manual Activities

The *¡Hola, amigos! Video* is designed to develop listening skills and expand students' cultural knowledge and appreciation of the Hispanic world. The fourteen three- to four-minute video lessons feature footage of locations presented in the *Notas culturales* (even-numbered lessons) and interview segments (odd-numbered lessons) coordinated with lesson themes and functions. The accompanying Video Activities may be used in or out of class. The three sections—*Preparación* (pre-viewing), *Comprensión* (post-viewing), and *Ampliación* (post-viewing expansion)—include a variety of activities to exploit the video footage and facilitate students' understanding of the video. An answer key is provided at the back of the *Workbook /*

Lab Manual / Video Manual. The following strategies are helpful for using the Video Activities to best advantage:

- Tell students not to worry about understanding every word as they watch the video, but to focus on getting the gist of what is being said. Emphasize that attention to the visual images and nonverbal communication will help students to understand what is going on in the video clips.

- View the video clips as many times as necessary for student comprehension. Use the pause button to freeze an image while you ask a question to verify comprehension or comment on the image.

- Point out locations shown in the video on maps to increase students' familiarity with the geography of the Hispanic world.

The Workbook / Laboratory Manual / Video Manual is an important part of the ***¡Hola, amigos!***, Sixth Edition, program. Students who use it consistently will find the *Workbook / Laboratory Manual / Video Manual*, the audio program, and the video of great assistance in forming the associations of sound, syntax, and meaning needed for effective communication in Spanish and for meaningful cultural understanding.

We would like to hear your comments on ***¡Hola, amigos!***, Sixth Edition, and on this *Workbook / Laboratory Manual / Video Manual*. Reports of your experiences using this program would be of great interest and value to us. Please write to us care of Houghton Mifflin Company, Modern Languages, College Division, 222 Berkeley Street, Boston, Massachusetts 02116-3764.

Ana C. Jarvis

Raquel Lebredo

To the Student

This combined *Workbook / Laboratory Manual / Video Manual* for *¡Hola, amigos!*, Sixth Edition, is designed to reinforce the new material presented in each textbook lesson and provide practice in the skills you will need to acquire to communicate effectively in Spanish.

To use this important component of the *¡Hola, amigos!* program to best advantage, it is important that you understand its organization. The Workbook and Laboratory Manual sections provide activities for the fourteen textbook lessons. The Laboratory Manual begins with an *Introduction to Spanish Sounds* that will teach you the sound system of the Spanish language and help you to associate these sounds with the letters that represent them. The Video Manual contains a video activity section for each of the fourteen video lessons.

The Workbook Activities

The Workbook Activities will help to develop your reading and writing skills by providing practice in using the structures and vocabulary from the textbook. The activities in the *Para practicar* section range from fill-ins and sentence completion to more complex tasks such as writing original sentences and short paragraphs. A crossword puzzle in each lesson, with clues in Spanish, offers a vocabulary control check and an opportunity to test your spelling abilities. Each Workbook lesson includes a *Para leer* reading in which key lesson vocabulary and structures reappear in a new context, followed by questions to check comprehension. Each lesson includes a *Para escribir* writing task which presents a topic related to the theme of the lesson and writing tips or strategies to help you develop your writing skills. Answers to all Workbook Activities are provided in the Answer Key at the back of the *Workbook / Laboratory Manual / Video Manual* so that you can monitor your own progress.

The Laboratory Activities

The Laboratory Activities, intended for use with the audio program for the Sixth Edition of *¡Hola, amigos!*, emphasize listening and speaking skills. The following sections are included for each textbook lesson:

Pronunciación: Words, phrases, and sentences that practice particular sounds or general pronunciation and intonation are read with pauses for you to repeat what you hear.

Diálogos: The dialogues from the textbook lesson are read, once at normal speed, then with pauses. During the first reading, you should listen carefully to the speakers' pronunciation and to the rise and fall of the pitch in their voices. The paused version offers you the opportunity to practice speaking the lines until you can imitate the speakers well.

Preguntas y respuestas: These listening comprehension questions will help you to verify your understanding of the dialogues. Check your responses carefully against those provided on the tape.

Puntos para recordar: These exercises provide listening and speaking practice and test your mastery of the grammar topics presented in each lesson. A model for each exercise in this section is read on the audio CD and printed in the Laboratory Activities pages to guide you in your responses. The correct response to each item is provided on the audio CD.

Díganos: "Real-life" questions related to the lesson theme provide additional listening and speaking practice.

Ejercicios de comprensión: These listening comprehension exercises check your ability to apply the Spanish you are learning to new situations. First, you will hear three descriptions for each illustration in the Laboratory Activities pages, and will circle the letter that corresponds to the correct description. Answers to each of the items are provided on the audio program. In the second exercise, you must confirm whether each of a series of sentences is logical or illogical.

Para escuchar y escribir: A dictation concludes the Laboratory Activities for each lesson so you can check your ability to reproduce in writing what you hear on the audio CD. All of the dictations are printed in the *Answer Key* at the back of the *Workbook / Laboratory Manual / Video Manual* for you to check your work.

Consistent use of the Laboratory Activities for each lesson will help you to develop your listening and speaking skills in Spanish to meet the objectives of the *¡Hola, amigos!* program. By the end of the course, you should be able to understand the essence of a conversation on topics covered by the textbook by native speakers of Spanish conversing at normal speed. You should also be able to make yourself understood to native speakers used to dealing with foreigners when you converse on these topics, using the vocabulary and structures you have learned.

Try to complete all of the Workbook and Laboratory activities for each lesson. As you become more familiar with the program, you will find them helpful in assessing your achievements and in targeting the specific lesson features that require extra review. Learning a foreign language is a gradual process that requires a consistent, steady commitment of time. Completing the activities will help you to use your time productively by determining which material you have already mastered and which requires additional study.

The Video Activities

These activities are designed for use with the fourteen lessons of the *¡Hola, amigos!* *Video*, which provides a unique opportunity to develop your listening skills and cultural awareness through footage of Hispanic countries and interviews with Hispanics about everyday life and lifestyles. Your instructor may have you view the video and do the activities in class, or assign you to view the video and complete all or part of the activities in the language lab. When viewing the video, remember that you do not have to understand every word; the activities are designed to give you support so that you can understand the main ideas. Attention to the visual images and nonverbal communication while viewing also will help you to understand the video. An Answer Key for the Video Activities is located at the back of this manual.

We would like to hear your comments on *¡Hola, amigos!*, Sixth Edition, and on this *Workbook / Laboratory Manual / Video Manual*. Reports of your experiences using this program would be of great interest and value to us. Please write to us care of Houghton Mifflin Company, Modern Languages, College Division, 222 Berkeley Street, Boston, Massachusetts 02116-3764.

Ana C. Jarvis

Raquel Lebredo

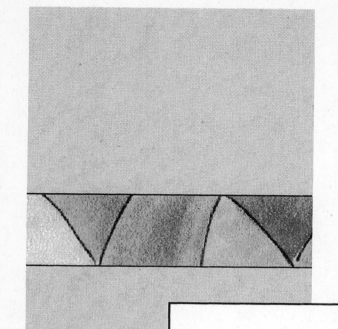

WORKBOOK ACTIVITIES

LECCIÓN 1

Workbook Activities

⌗ Para practicar

A. **En la clase** Indicate what we can see in the classroom by placing **un, una, unos,** or **unas** before each noun.

En la clase hay: __un__ profesor, __una__ puerta, __un__ reloj, __una__ tablilla de anuncios, __unas__ ventanas, __unos__ borradores, __unas__ sillas, __una__ computadora, __unos__ cuadernos, __unos__ bolígrafos y __unas__ luces.

B. **Yo necesito...** What do you need for class? Start out by saying "**Yo necesito** (*I need*)", and place **el, la, los,** or **las** before each item on your list.

Yo necesito: __los__ lápices, __las__ plumas, __la__ pizarra, __~~una~~ el__ mapa de México, __el__ escritorio y __la__ mochila.
(desk)   (backpack)

C. **Los pronombres** What subject pronouns would be used in each case?

1. The person talking about what he/she thinks, will start out by saying __yo__.
2. A student addressing his/her professor would call him/her __~~el/ella~~ usted__
3. Speaking about her parents, a girl would say __ellos__.
4. Referring to a group of women, a person would say __ellas__.
5. Speaking about his mother, a man would say __ella__.
6. Talking about himself and a male friend, a man would say __nosotros__.
7. Addressing a group of colleagues, a person would say __ustedes__.
8. A person would call a very close friend __tú__.
9. Speaking about a male professor, a student would say __él__.
10. Speaking about herself and her sister, a woman would say __nosotras__.

D. ¿De dónde eres? Fernando is introducing himself and other foreign students at the *Club Internacional,* saying where everybody is from. To show what Fernando says, complete the following with the right form of **ser.**

FERNANDO: Yo ___soy___ Fernando Pagani. Marisa y yo ___somos___ de Buenos Aires, Delia ___es___ de Lima, Cora y Adela ___son___ de Santiago y Roberto ___es___ de Quito.

And now, answer Fernando's question: ¿Quién (*Who*) eres tú y de dónde eres?

___Me llamo Elisha y yo soy de Maryland.___

E. ¿Como son? Write sentences to indicate what the following people or things are like, using the adjectives given.

azules   simpáticas   española

trabajador   ingleses   difícil   marrón

1. mujer   La   española.

   El mujer es ~~simpático~~.

2. chico

   _____

3. profesores

   _____

4. chicas

   _____

5. lección

   _____

6. escritorio

   _____

7. bolígrafos

   _____

F. ¿Cómo se deletrea (*spell*)? Spell out the following English last names for your Spanish-speaking co-worker to write.

1. Smith: _____

2. Randall: _____

3. Fox: _____

4. Budge: _____

5. Wesley: _____

6. Jackson: _____

G. Muchos estudiantes internacionales Write the number of students from different countries that are in two ESL classes.

1. _____ estudiantes de Vietnam (3)

2. _____ estudiantes de México (7)

3. _____ estudiantes de Italia (5)

4. _____ estudiantes de Arabia (4)

5. _____ estudiantes de Chile (6)

6. _____ estudiantes de Colombia (9)

7. _____ estudiantes de Cuba (8)

8. _____ estudiantes de Nicaragua (10)

H. Conversaciones breves These are brief exchanges that are heard around the college. Complete them appropriately.

1. —_____

—Buenos días, señorita. ¿Cómo está Ud.?

—_____

—Bien, gracias.

—_____

—Adiós.

2. —_____

—Me llamo María Luisa Salgado Mena.

—_____

—El gusto es mío, señora.

3. —_____

—Se dice "hasta mañana".

—_____

—Quiere decir "*door*".

4. —_____

—Adela es alta, bonita y simpática.

5. —_____

—Nosotros somos de la Ciudad de México.

I.   ¿Qué hay en la clase? Name the following items. Be sure to include the definite article.

1. _____
2. _____
3. _____
4. _____
5. _____

6. _____
7. _____
8. _____
9. _____
10. _____

J.   Crucigrama (*Crossword Puzzle*)

HORIZONTAL

1. _____ tardes, señora.
5. estudiante (*f.*)
6. _____ mañana, señor.
7. ¿Cómo se _____ Ud.?
9. de México (*f.*)
11. Harvard o Yale
14. ¿Cómo se _____ "*door*" en español?
15. pluma
17. ¿Qué _____ decir "reloj"?
18. capital de Cuba: La _____
20. el color de la nieve (*snow*)

VERTICAL

2. No es profesora; es _____ .
3. Es mi _____ de clase (*f.*)
4. *chair*, en español
8. Hay una puerta y dos _____ .
10. Son _____ . David es de California y Robert es de Utah.
12. Julia Roberts es alta y _____.
13. ordenadores
16. chica
19. el color de una banana

6   Lección 1, Workbook

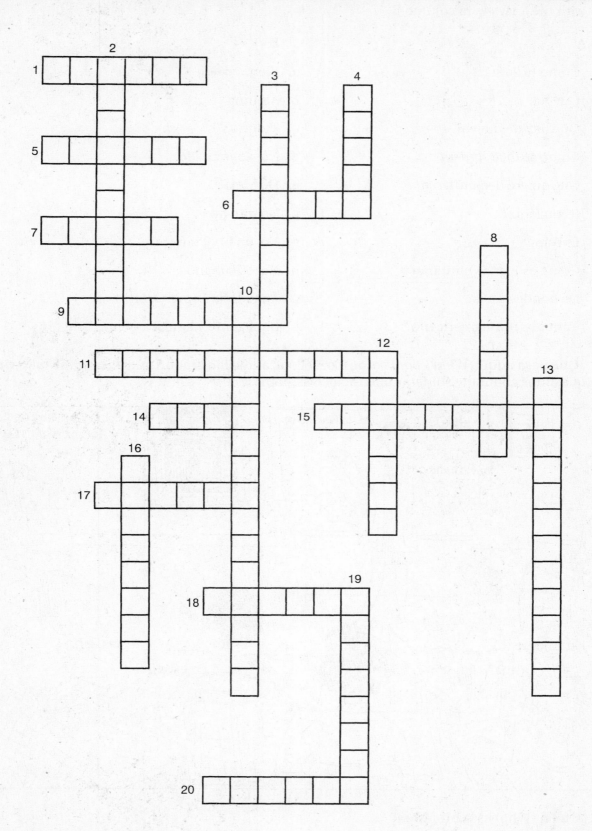

Lección 1, Workbook **7**

K. **¿Qué dicen?** Two classmates are talking in the hallway. Match the questions in column A with the answers in column B.

A	B
1. ¿Cómo te llamas?	a. Bien.
2. ¿Qué tal?	b. Alumna.
3. ¿Qué hay de nuevo?	c. "Address".
4. ¿Cómo se dice *student*?	d. No, anaranjado.
5. ¿Qué quiere decir *dirección*?	e. De México.
6. ¿Es un lápiz?	f. No mucho.
7. ¿Es rojo?	g. No, un bolígrafo.
8. ¿Cómo es Elena Quintana?	h. No, es cubano.
9. ¿De dónde es ella?	i. Ana Maria López Osuna.
10. ¿Carlos es norteamericano?	j. Inteligente y bonita.

L. **¿Qué pasa aquí?** (*What's happening here?*) Look at the illustration and answer the following questions about the students and their classroom.

1. ¿Quién (Who) es la profesora?

_____

2. ¿De dónde es la profesora?

   _____

3. ¿Cuántos estudiantes hay en la clase?

   _____

4. ¿La clase es por la mañana, por la tarde o por la noche?

   _____

5. ¿Lupe es de Cuba?

   _____

6. ¿John es mexicano?

   _____

7. ¿Qué día es hoy?

   _____

8. ¿Cuántas ventanas hay en la clase?

   _____

⧉ Para leer

Read the following descriptions, and then answer the questions.

La doctora Irene Santillana es de Madrid. Es profesora en una universidad en Guanajuato. Es inteligente y muy simpática.

La señorita María Inés de la Cruz es mexicana. Es de Puebla. Es estudiante de medicina.

El señor José Armando Vidal es de La Habana. Es estudiante en una universidad en Miami. Es alto, delgado y guapo.

¡Conteste!

1. ¿Quién (*Who*) es de Madrid?

   _____

2. ¿Es estudiante?

   _____

3. ¿Cómo es?

   _____

4. ¿María Inés es cubana o mexicana?

   _____

5. ¿De qué ciudad (*city*) es María Inés?

   _____

6. ¿Quién es cubano?

   _____

7. ¿De qué ciudad es?

   _____

8. ¿José Armando Vidal es profesor?

   _____

9. ¿Cómo es el señor Vidal?

   _____

▣ Para escribir

Brainstorming is a useful technique when beginning many writing assignments. It allows you to generate words or ideas you associate with a topic. For example, think of and write as many adjectives as you can that you know in Spanish. Think in Spanish! Refer to your textbook if needed.

Now, underline all the adjectives that apply to you and use them with the verb **ser** to write a brief description of yourself. As a final step, check for correct agreement of adjectives.

_____

_____

_____

_____

_____

Sobre la cultura hispana Refer to the **Notas culurales** section in your textbook to see how much you remember.

1. La población de la Ciudad de México es de

    a. 18 millones.   b. 25 millones.

2. Puebla es una ciudad

    a. muy moderna.   b. colonial.

3. En el centro de las ciudades españolas y latinoamericanas siempre hay

    a. un gran teatro.   b. una gran plaza.

4. Un nombre muy popular en Latinoamérica y en España es

    a. María.   b. Carlota.

5. En los países hispanos, una mujer divorciada es

    a. una señorita.   b. una señora.

6. Para saludar por la mañana a una persona desconocida (*stranger*) usamos

    a. "hola".   b. "buenos días".

LECCIÓN 2

Workbook Activities

⊡ Para practicar

A. Nosotros, los estudiantes Marcos, a student from Colombia, talks about college life. Complete the following information, using the present indicative of the verbs given.

Juan Carlos y yo _____ (conversar) en la cafetería de la universidad y

_____ (tomar) café. Yo _____ (trabajar) en el laboratorio de lenguas y Juan

Carlos _____ (trabajar) en la biblioteca. Él _____ (hablar) español, inglés y

francés.

Juan Carlos y sus amigos _____ (estudiar) en la biblioteca. Ellos no

_____ (tomar) clases en el verano. Yo _____ (desear) tomar literatura en el

verano, pero _____ (necesitar) trabajar. ¿A qué hora _____ (terminar) tú

hoy? Nosotros _____ (terminar) a las dos.

B. Aseveraciones y preguntas (*statements and questions*) Complete the chart below with the missing sentence forms, stating a fact, asking a question or making a negative statement.

Affirmative	Interrogative	Negative
1. Él habla español.		
2.		Eva no es profesora.
3.	¿Desean leche?	
4.		Ana no necesita el horario.
5. Tito es estudiante.		
6. Luis trabaja hoy.		
7.	¿Estudiamos sociología?	
8.		Nora no es cubana.

C. ¿Qué deseas tomar? Use the information provided to say who drinks what and why. Follow the model.

MODELO: yo: jugo de manzanas / no jugo de uvas

Yo tomo jugo de manzanas porque no deseo tomar jugo de uvas.

1. Elsa: jugo de naranja / no jugo de tomate

   _____

2. nosotros: una taza de té / no café

   _____

3. ellos: un vaso de leche / no té helado

   _____

4. tú: una copa de vino blanco / no vino tinto

   _____

5. Ud.: una botella de agua mineral / no cerveza

   _____

D.   ¿Qué hacemos? (*What do we do?*) This is what people do, need to do, or wish to do. Complete the sentences, using appropriate possessive adjectives.

1. Yo hablo español con _____ amigos y Michele habla francés con _____

   amigos. ¿Tú hablas inglés con _____ amigos?

2. Uds. necesitan hablar con _____ profesores y nosotros necesitamos hablar con

   _____ profesoras.

3. Nosotros deseamos estudiar en _____ casa y él desea estudiar en _____

   casa.

4. Marisa y Pedro estudian con _____ amigos. Marisa estudia con la amiga de

   _____ y Pedro estudia con el amigo de _____ .

E.   Profesores y estudiantes Answer the following questions about your class in the affirmative.

1. ¿Tú necesitas hablar con tus compañeros de clase?

   _____

2. ¿Uds. desean estudiar en su casa (house)?

   _____

3. ¿El profesor necesita tu cuaderno?

   _____

4. ¿Uds. estudian con sus compañeros de cuarto?

   _____

5. ¿Las profesoras de Uds. son de Madrid?

   _____

6. ¿Yo necesito hablar con mis profesores hoy?

   _____

7. ¿La profesora habla con sus estudiantes?

   _____

8. ¿Yo necesito hablar con mis estudiantes hoy? (Use **Ud.** form)

   _____

F. **En la universidad** Complete the following statements about college life using **el, la, los, las.**

1. _____ idioma que ellos estudian en _____ universidad es _____ inglés.

2. En _____ clase de literatura estudiamos _____ poemas de Bécquer.

3. _____ lección cinco es sobre (*about*) _____ problemas de _____ ciudades de California.

4. Necesitamos _____ café, _____ té y _____ leche.

5. _____ amistad (*friendship*) es muy importante para _____ estudiantes.

G. **¿Cuántos...?** You are in charge of preparing an order for supplies. Write the number, in Spanish, of each item needed.

1. _____ libros (70)

2. _____ bolígrafos (100)

3. _____ cuadernos (84)

4. _____ mapas (15)

5. _____ lápices (112)

6. _____ cestos de papeles (38)

7. _____ relojes (14)

8. _____ computadoras (16)

9. _____ sillas (140)

10. _____ tazas (29)

11. _____ vasos (50)

12. _____ copas (67)

H. **¿A qué hora son las clases?** What time is each of the following classes? Start each sentence with La clase de . . .

9:30 AM	1:20 PM	7:45 PM	8:10 PM	3:15 PM	11:00 AM
1. Física	2. Biología	3. Historia	4. Inglés	5. Química	6. Informática

1. _____

_____

2. _____

_____

3. _____

_____

4. _____

_____

5. _____

_____

6. _____

_____

I. **El horario de Carolina** Fill in the names of the week. Then, use the information below to fill in, in Spanish, Carolina's class schedule for this semester.

Math (*Matemáticas*):	Monday, Wednesday, Friday
Spanish (*Español*):	Monday, Tuesday, Wednesday, Thursday, Friday
Music (*Música*):	Saturday
History (*Historia*):	Tuesday, Thursday
Biology (*Biología*):	Thursday, Friday
Literature (*Literatura*):	Tuesday, Saturday

lunes					

J. **Muchos cumpleaños** Silvia has a very busy social schedule. Write the dates of her friends' birthdays (*cumpleaños*) in Spanish.

MODELO: Cumpleaños: Carlos, _____ (July fourth)

Carlos, el cuatro de julio.

Cumpleaños:

1. Alberto, _____ (March first)

2. Inés, _____ (January fifteenth)

3. Carmen, _____ (November thirtieth)

4. Raúl, _____ (June twentieth)

5. Georgina, _____ (December fourteenth)

6. Fernando _____ (August tenth)

7. Rafael, _____ (February eleventh)

8. Elba, _____ (April twenty-fifth)

K. **Las estaciones del año** As you know, the seasons are reversed in the Southern Hemisphere. Write the name of the season that corresponds to the following months in Chile.

1. septiembre, octubre, noviembre _____

2. marzo, abril, mayo _____

3. diciembre, enero, febrero _____

4. junio, julio, agosto _____

L. Crucigrama

3. Necesito el _____ de clases.

6. La clase _____ a las ocho.

9. materia

11. Terminamos a las ocho de la _____ .

12. Toman café con _____ .

13. Deseo un _____ de agua.

15. ¡Ya es _____! ¡Me voy!

16. En México hablan _____ .

17. ¿_____ trabaja Ud? ¿En la universidad?

18. Deseamos una _____ de vino blanco.

19. Estudiamos álgebra en la clase de _____ .

22. En Washington hablan _____ .

24. Yo no tomo _____ de naranja.

25. Ellos toman vino _____ .

26. La clase es en el aula _____ 73.

27. Ana es rubia de _____ azules.

1. té helado; té _____ .

2. hablar

4. Trabaja en el _____ de lenguas.

5. Desean una _____ de agua mineral.

7. Coors es una _____ .

8. Los estudiantes estudian en la _____ .

10. Ellos desean una _____ de café.

14. Nosotros _____ una clase de historia.

20. persona de Argentina (m.)

21. Deseamos agua con _____ .

23. Elsa es mi compañera de _____ .

¡Atención! Accents are often omitted from capital letters in Spanish. When completing the crossword puzzles in the workbook, omit the accents.

M. En la cafetería At the university's cafeteria, some students are talking. Complete these exchanges, using vocabulary from *Lección 2*

1. —Ana, ¿tu clase de español es difícil?

   —No, es muy _____ .

   —¿Cuántas materias tomas este _____?

   —Tomo cuatro: Ciencias _____ , matemáticas, _____ de

   empresas y _____ español.

   —¿Dónde es la clase de español?

   —Es en el _____ número quince.

2. —Carlos, ¿qué _____ tomar?

   —Una taza de chocolate _____ . ¿Y tú?

   —Un _____ de leche.

   —Oye, ¿qué _____ es?

   —Son las doce y media.

N. ¿Qué dice aquí? This is a day in the life of Susana Campos. Read about her activities and then answer the questions based on the page in her planner.

Septiembre		Martes **15**
	Planes para hoy	
7:00	Café	*Sergio*
8:00 – 11:00	En clase	
	1. Química-Laboratorio	
	2. Informática	
	3. Matemáticas-Examen	
12:00	Cafetería	*Lidia*
1:00 – 4:00	Trabajo	
6:00	Biblioteca	*César*
8:00 – 10:00	Contabilidad	

1. ¿Qué día es hoy? ¿Qué fecha es?

   _____

2. ¿Qué toma Susana con Sergio? ¿A qué hora?

   _____

3. ¿Cuántas clases toma ella?

   _____

4. ¿Qué asignatura tiene (*has*) laboratorio?

   _____

5. ¿En qué clase tiene examen?

   _____

6. ¿En qué clase usa la computadora?

   _____

7. ¿Con quién conversa en la cafetería?

   _____

8. ¿Cuántas horas trabaja Susana?

   _____

9. ¿Dónde estudia a las seis? ¿Con quién?

   _____

10. ¿Qué clase toma de ocho a diez?

    _____

⊡ Para leer

Read the following story, and then answer the questions.

Roberto y Ana estudian en la Universidad de California en San Diego. Roberto toma muchas asignaturas este semestre: química, historia, inglés, biología, sociología y literatura. Ana toma tres clases: física, administración de empresas y psicología. Roberto no trabaja. Ana trabaja en el laboratorio de lenguas y en la biblioteca.

Ana y Roberto conversan en la cafetería. Ana toma un vaso de leche y Roberto toma una taza de café.

¡Conteste!

1. ¿Ana y Roberto estudian en Venezuela?

   _____

2. ¿Dónde trabaja Roberto este semestre?

   _____

3. ¿Qué materias toma Roberto?

   _____

4. ¿Cuántas clases toma Ana?

   _____

5. ¿Qué clases toma Ana?

   _____

6. ¿Quién toma literatura este semestre?

   _____

7. ¿Dónde conversan Ana y Roberto?

   _____

8. ¿Quién toma café y quién toma leche?

   _____

9. En su opinión (*In your opinion*), ¿por qué no trabaja Roberto este semestre?

   _____

10. En su opinión, ¿por qué toma Ana solamente (*only*) tres clases este semestre?

    _____

⬚ Para escribir

Listing is another way of brainstorming to help you prepare for writing and organizing your thoughts. Before writing, list some of your activities using the Spanish you know. Add one or two of your easier and more difficult classes. Think of your studies, work, and one or two things you do with friends.

Then, write a brief description of your activities. Also tell what classes you are taking and at what time. Say which ones are easy and which ones are difficult.

_____

_____

_____

_____

_____

_____

_____

_____

_____

_____

_____

_____

Sobre la cultura hispana Refer to the **Notas culturales** section in your textbook to see how much you remember.

1. ¿En qué año fue fundada Los Ángeles? ¿Por quiénes?

_____

2. ¿Después de qué guerra pasó a formar parte de los Estados Unidos?

_____

3. ¿Quién es el primer vicegobernador de origen hispano?

_____

4. ¿Cuántos meses dura el año escolar en la mayoría de los países hispanos?

_____

5. En los países hispanos, ¿dónde se toman los requisitos generales?

_____

6. En las notas académicas, ¿se usan números o letras?

_____

7. En general, ¿son gratis las universidades en los países de habla hispana?

_____

8. Generalmente, ¿los estudiantes hispanos estudian solos (*alone*)?

_____

LECCIÓN 3

Workbook Activities

🔲 Para practicar

A. **Teresa y yo** Eva tells us about herself and her friend Teresa. Use the present indicative of the appropriate **-er** and **-ir** verbs to complete the information.

Mi amiga Teresa y yo _____ en un apartamento en la calle Lima. Todos los días,

Teresa y yo _____ en el parque. Después _____ en la cafetería y

_____ una taza de café. Hoy yo _____ estudiar y Teresa _____

lavar su ropa. Los sábados, yo _____ los muebles y Teresa _____ la

cocina.

B. **La familia Rojas** Use the information in the dialogue for Lesson 3 in the textbook to complete the following statements. Express relationship or possession.

1. Alina y Luisito son _____ Luis y Olga Rojas.

2. _____ vienen a pasar el fin de semana con ellos.

3. Luisito viene de _____ .

4. Olga plancha _____ .

5. A las siete, llegan _____ Luisito y Alina.

C. **Los quehaceres de la casa** Four girls share an apartment. Today they're doing housework and getting ready for guests. Use the appropriate forms of **tener** or **venir** to complete the exchanges between them.

1. —Anita, ¿tú _____ la cafetera?

   —No, yo _____ la licuadora.

2. —¿A qué hora _____ José Luis?

   —A las ocho. Pablo y Teresa _____ con él.

3. —¿Uds. _____ que sacudir los muebles?

   —No, nosotros _____ que barrer la cocina.

Lección 3, Workbook   **25**

4. —¡Raquel! ¿De dónde _____ tú?

   —Yo _____ de la casa de mi abuela.

5. —¿Quién _____ que planchar la ropa?

   —¡Tú!

6. —¿A qué hora _____ ustedes de la universidad mañana?

   —Nosotros _____ a las once.

D. De visita (*Visiting*) You are a guest at somebody's house and the hostess wants you to be comfortable. Answer her questions, using expressions with **tener.**

1. —¿Deseas un vaso de limonada?

   —No, gracias. _____.

2. —¿Por qué no abres la ventana?

   —Porque no _____.

3. —¿Deseas un sándwich?

   —No, gracias. No _____.

4. —¿Necesitas un suéter?

   —Sí, porque _____.

5. —¿Por qué no tomas una siesta?

   —No... _____.

E. ¿Me prestas? (*Will you lend me...?*) Play the part of Mireya, who borrows everything from her neighbor. Place the appropriate demonstrative adjectives before each item.

1. *this, these*

   Necesito _____ licuadora, _____ tazón, _____ cafeteras y

   _____ platos.

2. *that, those*

   Necesito _____ reloj, _____ plancha, _____ tostadoras y

   _____ vasos.

3. *that, those* (*over there*)

   Necesito _____ mesa, _____ sillas, _____ cesto de papeles y

   _____ platos.

F. **¿Cuánto ganan?** (*How much do they earn?*) You are in charge of the payroll for the Sandoval Company. Indicate how much each of these individuals earn per month.

MODELO: Luis gana (*earns*) doscientos dólares por semana (*week*)

*Luis gana ochocientos dólares por mes (*month*)*

1. Marta gana trescientos cincuenta dólares por semana.

   _____.

2. Rogelio gana quinientos cincuenta dólares por semana.

   _____.

3. Lucía gana doscientos veinticinco dólares por semana.

   _____.

4. Ernesto gana cuatrocientos veinticinco dólares por semana.

   _____.

5. Olga gana mil doscientos dólares por semana.

   _____.

G. **Cucigrama**

HORIZONTAL

1. Tengo que poner la _____ .
4. Ana tiene que _____ la aspiradora.
6. tomar
7. Necesito la _____ para preparar el café.
9. Tengo muchas cosas que hacer. Hoy es un día muy _____ .
11. Yo llevo la ropa a la _____ .
13. Los padres de mi padre son mis _____ .
14. Cuando preparo espaguetis, necesito el _____ .
16. Necesito _____ y vinagre para la ensalada.
17. Viene Mario y al _____ viene Oscar.
18. Necesito la _____ para barrer.
19. Hay comida en el _____ .
20. Tengo que _____ los muebles.
21. *pan,* en español

VERTICAL

1. treinta minutos: _____ hora
2. Tengo una lavadora y una _____ .
3. Muchos cubanos viven en la ciudad de _____ .
4. juego
5. dormitorio
8. Tocan a la _____ .
10. Tengo que cortar el _____ .
11. Como cereal en un _____ .
12. Necesito la _____ para planchar.
15. *blender,* en español
20. Tengo que _____ la basura.

H. Conversaciones breves Two roommates are talking about their day's activities. Match the questions in column A with the answers in column B.

A	B
1. ¿Hay sándwiches?	a. Sí, dentro de media hora.
2. ¿Por qué no comes un sándwich?	b. La ropa.
3. ¿Deseas limonada?	c. A las ocho.
4. ¿Qué tienes que hacer?	d. No, gracias. No tengo sed.
5. ¿Tienes que poner la mesa?	e. Sí, en el refrigerador.
6. ¿Qué necesitas para la ensalada?	f. Sí, dame los platos.
7. ¿Qué tienes que lavar?	g. No, gracias. No tengo hambre.
8. ¿Tu abuela viene hoy?	h. Tengo que limpiar la casa.
9. ¿Tus padres vienen hoy?	i. Aceite y vinagre.
10. ¿A qué hora es el juego de béisbol?	j. No, ella está ocupada.

I. **¿Qué pasa aquí?** Look at the illustration and answer the following questions.

¿Qué hacen . . . ? (*What do they do...?*)

1. ¿Qué hace Oscar?

   _____

2. ¿A qué hora es el juego de béisbol?

   _____

3. ¿Cuántos platos hay en la mesa?

   _____

4. ¿Qué hace Juan?

   _____

5. ¿En qué calle vive Nora?

   _____

6. ¿Qué hace Sara?

   _____

7. ¿Cuántos años tiene Marcos?

   _____

8. ¿Qué hace Eva?

   _____

9. ¿A qué hora viene Pablo?

   _____

10. ¿Eva tiene prisa?

   _____

▣ Para leer

Read the following note that Mrs. Peña wrote to her husband, and then answer the questions.

> Álvaro:
>
> Tus padres vienen esta noche, a las ocho. Tienes que sacudir los muebles y planchar tu camisa verde.
>
> Hoy yo llego a las seis porque tengo que trabajar hasta° las cinco y media. Rosita tiene que pasar la aspiradora y poner la mesa y Carlitos tiene que cortar el césped y lavar los platos.
>
> Si tienen hambre, hay sándwiches en el refrigerador. El partido de béisbol es a las tres de la tarde.
>
> Graciela

until

¡Conteste!

1. ¿A qué hora vienen los padres de Álvaro?

   _____

2. ¿Qué tiene que sacudir Álvaro?

   _____

3. ¿Qué tiene que planchar?

   _____

4. ¿A qué hora llega Graciela a su casa?

   _____

5. ¿Hasta qué hora tiene que trabajar?

   _____

6. ¿Qué tiene que hacer (*to do*) Rosita?

   _____

7. ¿Quién tiene que cortar el césped?

   _____

8. ¿Qué tiene que lavar Carlitos?

   _____

9. ¿Qué hay en el refrigerador?

_____

10. ¿A qué hora es el partido de béisbol?

_____

▣ Para escribir

Write a short dialogue between two roommates who are discussing the
chores they have to do. Use what you have learned about brainstorming
and listing, to generate ideas before you begin.

_____

_____

_____

_____

_____

_____

_____

Sobre la cultura hispana Refer to the **Notas culturales** section in your textbook to see how much
you remember.

1. Miami es un centro _____ , _____ y financiero de primer

   orden.

2. Además de la colonia cubana, viven allí numerosos grupos de puertorriqueños,

   _____ y _____ .

3. El béisbol es un deporte muy popular en Cuba, _____ , Venezuela y en la

   _____ .

4. En España y en la mayoría de los países latinoamericanos, el deporte más popular es el

   _____ .

5. Hoy muchos hombres hispanos, especialmente los más jóvenes, ayudan a sus esposas con

   los _____ .

LECCIÓN 4

Workbook Activities

🌀 **Para practicar**

A. **¿Cuál es la diferencia?** Who does what? Indicate this by using the information provided.

MODELO: traducir: Yo / al inglés   Ellos / al español

Yo traduzco al inglés y ellos traducen al español.

1. salir: Uds. / a las seis   Yo / a las ocho

   _____

2. conducir: Ella / un Ford   Yo / un Toyota

   _____

3. traer: Él / las frutas   Yo / los refrescos

   _____

4. hacer: Ellos / los sándwiches   Yo / la tortilla

   _____

5. poner: Yo / la mesa por la mañana   Tú / la mesa por la noche

   _____

B. **Sabemos y conocemos** Use appropriate forms of **saber** or **conocer** to indicate whom or what everybody "knows".

1. Yo / a Marisol Vega _____

2. Teresa / mi número de teléfono _____

3. Nosotros / Puerto Rico _____

4. Carlos / el poema de memoria _____

5. Tú / nadar _____

6. Ellos / las novelas de Cervantes _____

7. Uds. / dónde vive Mauricio _____

C. **En un café** At an outdoor cafe several people are talking. Complete the following exchanges, using the verbs **conocer**, **llevar** and **tener** to indicate what they say. Add the personal **a** when needed.

1. —¿Tú _____ la novia de Roberto?

   —¡Roberto no _____ novia!

2. —¿Tú _____ Beatriz a la universidad?

   —No, yo _____ Carmen.

3. —¿Qué tienes que hacer (*to do*)?

   —Tengo que _____ los libros a la biblioteca.

4. —¿Uds. _____ Madrid?

   —No, pero _____ Sevilla.

5. —¿Tienes que _____ tu perro al veterinario?

   —Sí, a las dos.

D. **Mi amiga Sara** Complete the information about Sara, using **a** + definite article or **de** + definite article.

Sara es la hija _____ señor Paz y la sobrina _____ señora Fuentes. Su

esposo es Carlos Villalba. Ella no conoce _____ papá de Carlos, pero conoce

_____ mamá. Hoy Sara viene _____ universidad _____ cinco

_____ tarde y después va (*goes*) _____ laboratorio a trabajar. Ella

trabaja con la hija _____ Dr. Peñarreal.

E. **Conversaciones breves** Complete the following dialogues heard before the class starts, using the present indicative of **estar**, **ir** or **dar**.

1. —El jefe _____ una fiesta hoy. ¿Tú _____?

   —Sí, yo _____ con Rosaura.

   —¿Dónde _____ Rosaura ahora?

   —_____ en su apartamento.

2. —¿Dónde _____ tu hermano?

   —_____ en Madrid. Después _____ a París porque

   mis padres _____ allí.

3. —¿Cuánto dinero (*money*) _____ Uds. para la fiesta de Magaly?

   —Nosotros _____ veinte dólares. ¿Cuánto _____ tú?

   —Yo _____ diez dólares.

F. **¿Qué van a hacer?** Use the information given to say what everyone is going to do. Use **ir a** + *infinitive.*

MODELO: Yo tengo muchos libros. *Voy a estudiar mucho* _____.

1. Oscar tiene un refresco. _____.

2. Nosotros tenemos sándwiches. _____.

3. Tú tienes una piscina. _____.

4. Cristina tiene un bolígrafo. _____.

5. Uds. tienen discos compactos. _____.

G. **Crucigrama**

HORIZONTAL

1. *activities,* en español

4. hacer planes

5. Tengo un hermano y una _____ .

7. *Cheddar* es un tipo de _____ .

8. Es el padre de mi mamá. Es mi _____ .

9. El hermano de mi mamá es mi _____ .

10. Tengo hambre. ¿Hay _____ para comer?

14. mozo

15. Ellos _____ salsa en la fiesta.

17. Elsa no _____ nadar

19. Dan una fiesta y Eva no está _____ .

20. Es la mamá de mi esposo. Es mi _____ .

21. mamá

22. *to skate,* en español

24. La Coca Cola es un _____ .

25. Mi _____ es el esposo de mi hija.

VERTICAL

2. Hoy voy a un _____ de música clásica.

3. La banana es una _____ .

4. Son dos. Son una _____ .

6. Mi hijo es el _____ de mi papá.

9. ¿Van al cine o al _____?

11. Tengo _____ de ir al cine.

12. No voy a la fiesta porque estoy muy _____ .

13. El juego es en el _____ de la universidad.

16. ¿_____ vas? ¿Al cine?

18. Es mi mamá. Es la _____ de mi papá.

22. La hija de mi tía es mi _____ .

23. En la clase nosotros _____ a hablar español.

Name _____ Section _____ Date _____ **37**

H. ¿Qué hacemos este fin de semana? Aurelio found several e-mails in his computer, but many words are missing. Help Aurelio read the e-mails by supplying the missing words. Use vocabulary from *Lección 4*.

1. Aurelio: ¿Qué planeas _____ el sábado? Marta y yo planeamos

   _____ al club para _____ en la piscina y después

   _____ al tenis. ¿Tienes _____ de salir con tus amigos?   Luis

2. Aurelio: _____ tarde vamos a un café al _____ libre para planear

   la _____ que voy a _____ para mi novio, el domingo. Por la noche

   vamos a _____ a mi madrina. ¿Vas con nosotros? Llamo más tarde.   Teresa

I. ¿Qué dice aquí? Answer the following questions about Nora's weekend, based on this page from her planner.

8:00 Tenis — Julio 12:00 Comer — Ana y Eva 3:00 Nadar — Alicia — Club 9:00 Concierto — Julio	**VIERNES** **4** de abril
9:00 Patinar — Olga 1:00 Cine — Eva, Silvia, Rosa 8:00 Fiesta — Jefe de Julio	**SÁBADO** **5** de abril
9:00 Parque de diversiones— sobrinos 8:00 Teatro — Julio y sus padres	**DOMINGO** **6** de abril

1. ¿A qué hora va a jugar (play) Nora al tenis? ¿Con quién?

   _____

2. ¿Con quiénes va a estar a las doce?

   _____

3. ¿Adónde va a ir a las tres? ¿Qué va a hacer?

   _____

4. ¿Con quién va a ir al concierto? ¿A qué hora?

   _____

5. ¿Qué va a hacer el sábado a las nueve? ¿Con quién?

   _____

6. ¿Quiénes van a ir al cine con Nora?

   _____

7. ¿Quién da una fiesta?

   _____

8. ¿Adónde va a ir Nora con sus sobrinos? ¿Qué día? ¿A qué hora?

   _____

9. ¿Con quiénes va al teatro a las ocho?

   _____

10. ¿Julio es el hermano o el novio de Nora?

    _____

🔲 Para leer

Read the following story about Rosaura, and then answer the questions.

Mañana, viernes, mi esposo y yo estamos invitados a una fiesta en
casa° de mi jefe. Tenemos que ir un rato, pero después vamos a   *house*
una discoteca.

El sábado por la mañana voy a jugar al tenis con la novia de mi
hermano y después vamos al club a nadar. ¡El club tiene una piscina
enorme! Por la tarde vamos todos al estadio a ver un juego de
béisbol.

El domingo vamos a la iglesia° y después vienen los padres de mi   *church*
esposo a comer con nosotros.

¡Conteste!

1. ¿Adónde tienen que ir Rosaura y su esposo mañana?

   _____

2. ¿Quién da la fiesta?

   _____

3. ¿Adónde va la pareja después de la fiesta?

_____

4. ¿El hermano de Rosaura tiene novia?

_____

5. ¿Cómo es la piscina del club?

_____

6. ¿Adónde van todos el sábado por la tarde?

_____

7. ¿Adónde van el domingo por la mañana?

_____

8. ¿Quiénes están invitados a comer en casa de Rosaura?

_____

Para escribir

When writing an informal note, letter, or e-mail in Spanish, begin and close with the following phrases. Notice that a colon, rather than a comma, follows the name of the person you are writing to.

Querido(a) (+ *name*):	*Dear ...,*	Un abrazo,	*A hug,*
Hola, (+ *name*):		Besos,	*Kisses,*
		Tu amigo(a),	*Your friend,*

You can also close with just a good-bye such as **Hasta luego** or with **Escríbeme pronto** (*Write to me soon*).

Write a note or e-mail to your best friend telling him/her what you are going to do this weekend. Include as many activities as possible. Tell him/her who's going to do these things with you, as well as times and places.

_____

_____

_____

_____

_____

_____

_____

Sobre la cultura hispana Refer to the **Notas culturales** section of your textbook to see how much you remember.

1. La isla de Puerto Rico fue descubierta por

   a. Cristóbal Colón.

   b. Américo Vespucio.

2. Los puertorriqueños

   a. necesitan visa para entrar en los Estados Unidos.

   b. son ciudadanos americanos.

3. La capital de Puerto Rico es

   a. San Juan.

   b. Río Piedras.

4. La fortaleza del Morro fue construida por

   a. los norteamericanos.

   b. los españoles.

5. Los españoles y los latinoamericanos

   a. no conocen los productos americanos.

   b. usan muchos productos americanos.

LECCIÓN 5

Workbook Activities

⑤ Para practicar

A. ¿Qué estamos haciendo? Indicate what you and your family are doing, according to where everyone is.

1. yo / en la piscina

   _____

2. mi hermano / en la biblioteca

   _____

3. tú / en una discoteca

   _____

4. Jorge y yo / en la sala (*living room*)

   _____

5. mis amigos / en la cafetería

   _____

6. mi prima / en la oficina

   _____

B. Dime... (*Tell me . . .*) You want to know everything! Ask the following questions, using **ser** or **estar,** as appropriate.

1. Ask what time it is.

   _____

2. Ask Mr. Díaz if he's Cuban.

   _____

3. Ask your friend where her boyfriend is.

   _____

4. Ask your friend if his brother is tall.

   _____

5. Ask Miss Peña what she's reading.

   _____

6. Ask someone where the party is.

   _____

7. Ask your friend if her mother is a professor.

   _____

8. Ask someone if the chair is made of plastic.

   _____

9. Ask your friend if she thinks (*cree*) Andrea looks pretty today.

   _____

10. Ask your friend if he's tired.

    _____

C. **Preguntas y más preguntas** You have questions about everything. Write the questions that elicited the following answers. Use **ser** or **estar,** as appropriate.

1. _____

   ¿Ana? En la biblioteca.

2. _____

   ¿Yo? De Colombia.

3. _____

   ¿El disco compacto? Sí, de Pedro.

4. _____

   ¿Verónica? Alta, delgada y muy bonita.

5. _____

   ¿Yo? Sí, muy ocupada.

6. _____

   ¿La mesa? Sí, de metal.

7. _____

   Hoy es jueves.

8. _____

   ¿Sandra y Carlos? Bailando...

D.   Mensajes electrónicos Alberto comes home and finds several e-mails waiting for him.
Complete each message, using the appropriate forms of **e>ie** verbs

1. ¡Hola! ¿Vas a la fiesta de Aníbal? _____ a las ocho. Si tú _____ ,

    vamos en mi auto.   Celia

2. ¡Buenos días! Julia y yo _____ ir al cine hoy. ¿Tú y Roberto

    _____ ir con nosotras? ¿O ustedes _____ ir al teatro?   Marta

3. ¿Cómo estás? Yo, no muy bien... Tengo aquí mi libro de química y no _____

    una palabra (*word*) ¿Tú _____ la lección de química? ¡Es muy difícil!   Beto

4. Hola Alberto,

    ¿Tú sabes a qué hora _____ la biblioteca? Raúl y yo _____

    estudiar esta noche. ¡Mañana es el examen de inglés! ¿Y tú? ¿Qué _____ hacer?

    Rocío

E.   Comparaciones Compare the following people and things to each other.

LUIS   RAÚL   PACO

1. Luis es _____ Raúl y Paco.

    Paco es _____ Raúl y Luis.

    Paco es _____ de los tres.

    Luis es _____ de los tres.

2. Ana es _____ Eva.

   Dora es _____ Eva.

   Ana es _____ de las tres.

   Dora es _____ de las tres.

   Eva es _____ alta _____ Dora.

3. El coche (*car*) de Elsa es _____ el coche de Tito.

   El coche de Olga es _____ el coche de Tito.

   El coche de Elsa es _____ de todos.

   El coche de Olga es _____ de todos.

F. **Todo es lo mismo** (*Everything is the same*) You realize that everything is the same. Indicate this by restating the following information using comparisons of equality.

1. Yo tengo cien libros y Roberto tiene cien libros.

   _____

2. Nosotros trabajamos mucho y Uds. trabajan mucho.

   _____

3. El restaurante Azteca tiene cincuenta mesas y el restaurante Versailles tiene cincuenta mesas.

   _____

4. Paquito toma mucha leche y Carlitos toma mucha leche.

   _____

5. Ernesto bebe mucho café y Julia bebe mucho café.

   _____

G. **Todos nosotros** (*all of us*) Everyone reciprocates! Show this with each example.

   MODELO: Ella baila con él.
   Él baila con ella.

1. Tú vas conmigo.

   _____

2. Nosotros conversamos con ellos.

   _____

3. Yo soy para ti.

   _____

4. Él baila contigo.

   _____

5. Tú hablas de mí.

   _____

H. Crucigrama

5. Son _____ . Él es de Utah y ella es de Vermont.

8. comenzar

11. muy, muy bonita

12. Ella es de _____ mediana.

13. Bailan en un club _____ .

15. cinta

17. Es muy _____ . Tiene 17 años.

18. *great* en español

20. Van a un _____ de básquetbol.

21. Van a _____ a caballo.

22. opuesto de **alto**

1. Caracas es la _____ de Venezuela.

2. Tiene _____ castaño.

3. Ella _____ el piano.

4. Dan una _____ de bienvenida.

6. El ponche es una _____ .

7. Van a un _____ de arte.

9. Tengo un _____ de discos compactos.

10. opuesto de **mayor.**

14. muy, muy rico

16. Tiene que ir al hospital porque está muy _____ .

19. Disneylandia es un parque de _____ .

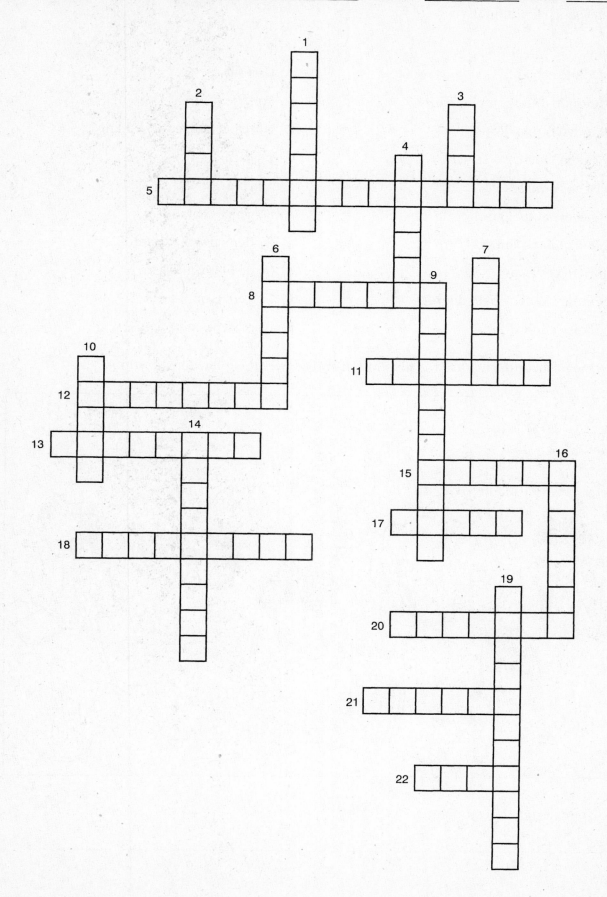

I. Conversaciones breves Two friends are talking. Match the questions in column A with the answers in column B.

A

1. ¿Dónde estás?

2. ¿Adónde quieres ir el sábado?

3. ¿Vas a dar una fiesta?

4. ¿Qué bebida vas a servir?

5. ¿Tienes cintas?

6. ¿Qué están tocando?

7. ¿Qué quieres comer?

8. ¿Amalia es rica?

9. ¿Fernando tiene pelo negro?

10. ¿Teresa es alta?

B

a. Una salsa.

b. Ponche.

c. No, es de estatura mediana.

d. En casa.

e. A la playa.

f. Sí, y ojos castaños.

g. Sí, tiene mucho dinero.

h. Sí, de bienvenida.

i. Entremeses.

j. No, discos compactos.

J. ¿Qué pasa aquí? Look at the illustration and answer the following questions.

1. ¿Dónde están los estudiantes?

_____

2. ¿Prefieren estudiar o tener otras actividades?

_____

3. ¿Qué tiene ganas de hacer Jorge?

_____

4. ¿Dónde quiere estar Lucía?

_____

5. ¿Con quién quiere estar?

_____

6. ¿Ud. cree que Daniel es rico?

_____

7. ¿Qué piensa hacer Graciela el domingo?

_____

8. ¿Qué problema tiene Pablo?

_____

9. ¿Qué quiere hacer?

_____

10. ¿Ud. cree que Víctor quiere ir al estadio o al cine?

_____

11. ¿Qué quiere ver Víctor?

_____

12. ¿Adónde piensa ir Ana el sábado?

_____

13. ¿A qué hora comienza la fiesta?

_____

14. ¿Qué va a hacer Ana en la fiesta?

_____

⌐ Para leer

Read the following story, and then answer the questions.

Miguel Ángel Campos es un muchacho de Caracas, Venezuela. Su novia, Estela Ruiz, es de Honduras, pero vive también en San Juan.

Estela y Miguel Ángel piensan dar una fiesta de bienvenida para Irma Silvera, una amiga de ellos que llega de México el próximo jueves. Irma es una chica muy inteligente. No es bonita, pero es muy simpática. Es morena, de ojos verdes, delgada y no muy alta.

El sábado piensan llevar a Irma a la playa, a montar a caballo y, por la noche, a un club nocturno.

¡Conteste!

Miguel Ángel himself is asking you these questions. Answer them, using the **tú** form to address him.

1. ¿De dónde soy yo?

   _____

2. ¿Quién es Estela Ruiz?

   _____

3. ¿De dónde es ella?

   _____

4. ¿En qué ciudad vive?

   _____

5. ¿Qué pensamos hacer Estela y yo?

   _____

6. ¿De dónde llega nuestra amiga?

   _____

7. ¿Qué día llega Irma?

   _____

8. ¿Irma es una chica inteligente?

   _____

9. ¿Es bonita?

   _____

10. ¿Es rubia? ¿De qué color son sus ojos?

    _____

11. ¿Estela y yo pensamos llevar a Irma a la playa o a un parque de diversiones?

_____

12. ¿Adónde vamos a ir los tres por la noche?

_____

⬛ Para escribir

Write a note or e-mail to a friend, inviting him/her to a party you are giving. State the reason for the party, and say where and when the party is taking place, what time it starts, what you are going to serve, and what you are going to do. Tell him/her what he/she has to bring. Use what you learned in Lesson 4 about writing informal notes.

_____

_____

_____

_____

_____

_____

_____

Sobre la cultura hispana Refer to the **Notas culturales** section in your textbook to see how much you remember.

1. Venezuela significa "pequeña _____."

2. Venezuela es un país tropical, situado al _____ de Suramérica.

3. La economía de Venezuela se basa en el _____.

4. La catarata más alta del mundo es el Salto _____.

5. La capital de Venezuela es _____.

6. En la capital se mezclan lo ultramoderno y lo antiguo, y el lujo con la

_____.

7. La palabra *salsa,* que significa *sauce,* se usa desde los años 60 para referirse a la música

_____ con cierta influencia del jazz.

8. Nueva York, Puerto Rico y _____ son los principales centros de la salsa.

LECCIÓN 6

Workbook Activities

Para practicar

A. **Por teléfono** This is a phone conversation betweeen Marga and Pablo. Give the appropriate form of **o>ue** verbs to complete it.

—Marga, ¿tú _____ ir al banco conmigo esta tarde?

—No, Pablo, no _____ porque hoy Eva y yo no _____ a casa hasta las

ocho de la noche.

—Lo siento. Oye, ¿tú _____ el número de teléfono de Ana? Yo no _____

mi libreta de teléfonos y necesito saber cuánto _____ el libro de literatura.

—No, yo no _____ el número, pero sé su dirección.

—Bueno, entonces, esta noche tú y yo _____ ir a su casa a las diez.

—¡Perfecto!

B. **¿Qué hacen los demás?** (*What do the others do?*) Nobody does what we do! Indicate this by using the information given to say what others do.

MODELO: Nosotros estudiamos en nuestra casa. (ellos / en la biblioteca)
          Ellos estudian en la biblioteca.

1. Nosotros servimos café. (Tú / té)

   _____

2. En un restaurante mexicano, nosotros pedimos tacos. (ellos / tamales)

   _____

3. Nosotros conseguimos libros en español. (Mirta / italiano)

   _____

4. Nosotros decimos que la clase es fácil. (Mario / difícil)

   _____

5. Nosotros seguimos en la clase de cibernética. (Uds. / química)

   _____

Lección 6, Workbook   **53**

C. **Hacemos preguntas** Answer each of the following questions that a group of friends ask each other by filling in the corresponding direct object pronoun and the verb.

MODELO: ¿Necesitas **los cheques?**

Sí, los necesito.

1. —¿**Me** llamas mañana?

—Sí, _____ _____ mañana.

2. —¿Pides **el préstamo** en este banco?

—Sí, _____ _____ en este banco.

3. —¿Llevan Uds. **a su hija** a la oficina de correos?

—Sí, _____ _____ a la oficina de correos.

4. —¿**Nos** necesitan Uds. hoy?

—Sí, _____ _____ hoy.

5. —¿**Te** conoce Roberto?

—Sí, _____ _____ .

6. —¿Compras **los sellos** en el correo?

—Sí, _____ _____ en el correo.

7. —¿**Los** llaman **a Uds.** a las tres?

—Sí, _____ _____ a las tres.

8. —¿Van a traer **al hermano de Claudia** hoy?   (2 forms)

—Sí, _____ a traer_____ hoy.

—Sí, _____ _____ a traer hoy.

D. **Un mensaje importante** Complete this message that Aurora found in her answering machine by giving the Spanish equivalent of the words in parentheses.

Hola, Aurora, habla Leila. Necesito tu libro de historia. ¿_____ (*can you bring it*) esta noche? Yo voy a _____ (*call you*) más tarde. ¿Tú hablas con Jorge hoy? Yo necesito _____ (*see him*) mañana. Ah, Olga y yo tenemos que ir al correo el viernes. ¿Tú puedes _____ (*take us*)? Si puedes _____ (*do it*), puedes _____ (*call me*) al 285-3942.

E.   ¡Ni me hables! (*Don't even speak to me!*) You are in a very negative mood. Answer all questions in the negative.

1. ¿Quieres café o té?

   _____

2. ¿Quieres comer algo?

   _____

3. ¿Vas a salir con alguien hoy?

   _____

4. ¿Siempre bailas salsa?

   _____

5. ¿Tienes algunos amigos panameños?

   _____

6. ¿Tú ves a tus amigos de la universidad alguna vez en el verano?

   _____

F.   ¿Cuánto tiempo hace? How long have these things been going on? Indicate this by using the information given and the expression **Hace... que.**

   MODELO: Yo trabajo aquí desde (*since*) enero. Estamos en junio.
   Hace cinco meses que trabajo aquí.

1. Yo estoy en la cola desde las diez. Son las once.

   _____

2. Vivimos aquí desde el año 1996. Estamos en el 2003.

   _____

3. Estamos estudiando desde las once. Son las once y veinte.

   _____

4. Conozco a Julio desde septiembre. Estamos en febrero.

   _____

5. No veo a mis padres desde el lunes. Hoy es sábado.

   _____

G. Crucigrama

2. Voy a pagar con un _____ de viajero.

6. ¿Dónde está el _____ de cheques?

7. opuesto de **pierde**

8. personas

9. Vamos a la _____ de correos

10. Voy a _____ la red.

13. Venden sellos en la _____ número cuatro.

15. poner la fecha

16. Voy a pedir un _____ en el banco porque necesito dinero.

19. envía

20. ¿En qué puedo _____, señorita?

21. Hay muchas personas y tenemos que hacer _____ .

22. Hoy tengo que hacer muchas _____ .

25. Pongo el dinero en la _____ de seguridad.

28. Enviamos las cartas por vía _____ .

29. Necesito trabajar. Voy a _____ trabajo en el banco.

30. El _____ de su cuenta es de cien dólares.

1. Tengo que enviar un _____ postal.

3. sello

4. Quiero enviar una _____ postal.

5. opuesto de **dar** (por ejemplo dinero)

11. Ellos _____ la información.

12. Él no recibe _____ electrónicos.

14. Trabaja en el correo. Es un _____ del correo.

17. Tengo una cuenta corriente y una cuenta de _____ .

18. ¿Puedo sacar mi dinero en _____ momento?

23. No es importante. No _____ .

24. Vamos a sacar dinero del _____ automático.

25. Voy a enviar estas _____ certificadas.

26. opuesto de gastar (*to spend*)

27. No es el banco central. Es una _____ .

Name _____ Section _____ Date _____

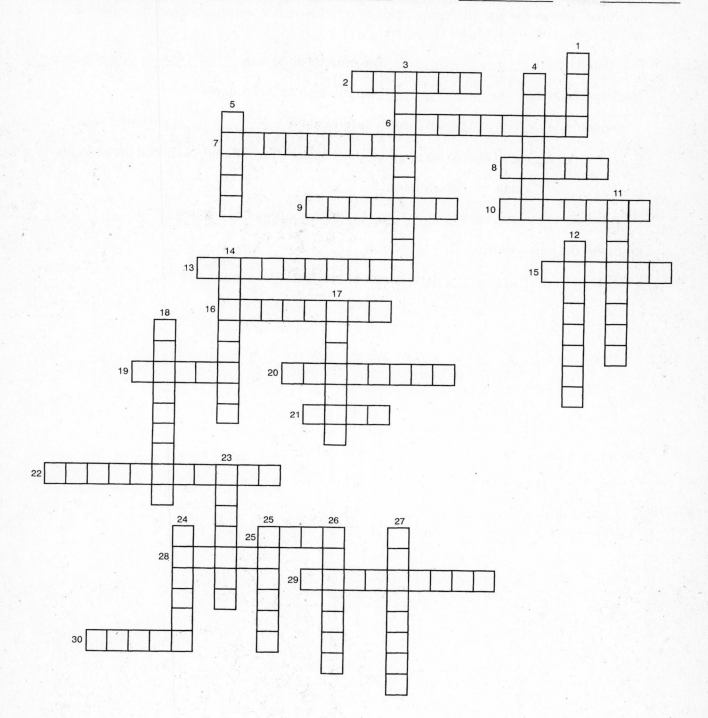

Copyright © Houghton Mifflin Company. All rights reserved.

Lección 6, Workbook   **57**

H. En el Banco Nacional Marisol wanted to open a savings account and she went to "Banco Nacional" where she got this information about the bank's services. Supply the missing words, using vocabulary from *Lección 6*.

¿Usted quiere _____? Entonces debe abrir una _____ en el Banco

Nacional. Solo necesita _____ un mínimo de 200 dólares.

Nosotros _____ un interés del cinco por _____ y si usted saca

_____ de su dinero no pierde todo el interés. En el Banco Nacional los cheques no

_____ nada. Son gratis (*free*).

Además de nuestra casa _____ tenemos bancos en muchas _____

ciudades del país (*country*).

Para más _____ debe llamar al 345-8621. ¡Lo esperamos!

I. **¿Qué dice aquí?** Read the ad and then answer the questions based on the information provided.

¡Cuentas Corrientes Gratis!*

Ahora usted puede tener todas las ventajas de una cuenta corriente de cheques en el Banco de Asunción–¡GRATIS!

¡Abra su cuenta ahora y ahorre!
Si usted abre su cuenta antes del 30 de marzo no tiene que pagar durante los primeros seis meses.

No cobramos por los cheques.
No necesita mantener un saldo mínimo.

Línea de información 24 horas al día.
Usted puede saber cuál es el saldo de su cuenta en cualquier momento. Damos servicio 24 horas al día, los 7 días de la semana.

Como siempre, abrimos los sábados.
Visite hoy cualquiera de nuestras sucursales o llame sin costo a nuestro teléfono 71-4293.

BANCO DE ASUNCIÓN
Calle Palma No. 315

* La oferta es válida para cuentas corrientes. Para abrir la cuenta se requiere un depósito mínimo de 100.000 guaraníes.

1. ¿Cómo se llama el banco? ¿En qué calle está?

   _____

2. ¿Hay que pagar algo por las cuentas corrientes?

   _____

3. ¿Qué ventajas (*advantages*) tienen los clientes si abren su cuenta antes del 30 de marzo?

   _____

4. En este plan, ¿cuánto es necesario pagar por los cheques?

   _____

5. ¿Qué saldo mínimo hay que mantener (*maintain*) en este plan?

   _____

6. ¿Cuándo es posible llamar al banco para recibir información sobre el saldo de una cuenta?

   _____

7. ¿Es posible ir al banco a depositar dinero los sábados? ¿Por qué sí o por qué no?

   _____

8. ¿Tiene sucursales el Banco de Asunción?

   _____

9. Los clientes que llaman para pedir información, ¿tienen que pagar por la llamada?

   _____

10. ¿Qué depósito mínimo requiere el banco para abrir este tipo de cuenta?

    _____

⌐ Para leer

Read this announcement, and
then answer the questions.

Banco Nacional del Paraguay

Asunción

(Horas: lunes a viernes de nueve a tres)

¿Quiere abrir una cuenta de ahorros?

Nosotros pagamos un interés del cinco
por ciento. Ud. puede sacar su dinero en
cualquier momento sin° perder el interés.   *without*

¡Una oportunidad extraordinaria!
También pagamos interés en las cuentas
corrientes (tres por ciento).

Los cheques son gratis° si Ud. deposita   *free*
un mínimo de quinientos mil guaraníes.[1]

[1] Paraguayan currency

¡Conteste!

1. ¿En qué ciudad está el Banco Nacional del Paraguay?

   _____

2. ¿A qué hora abre el banco? ¿A qué hora cierra (*closes*)?

   _____

3. ¿Puedo ir al banco el sábado? ¿Por qué?

   _____

4. ¿Qué interés paga el banco en las cuentas de ahorros?

   _____

5. Voy a sacar mi dinero de la cuenta de ahorros. ¿Voy a perder el interés?

   _____

6. ¿Es una buena idea depositar dinero en el Banco Nacional del Paraguay? ¿Por qué?

   _____

7. ¿Paga el banco interés en las cuentas corrientes? ¿Cuánto?

   _____

8. ¿Cuánto dinero debo depositar para tener cheques gratis?

   _____

⊡ Para escribir

In transactions of many types (making purchases, ordering at a restaurant, requesting information), being polite is not just a matter of common courtesy—it can help you more easily obtain what you want. You can use the phrase **¿Me puede decir...?** for many types of requests. When thanking the person helping you, you can say **gracias, muy amable** (*very kind*), or simply **muchas gracias**.

Write a short dialogue between yourself and a bank teller. Find out about opening a checking account, what interest it pays, and whether or not it's free (**gratis**). Also request an ATM card (**tarjeta de banco**). Remember to use appropriate courtesy expressions.

Cajero: Buenos días. ¿En qué puedo servirle?

Ud.: _____

_____

_____

_____

_____

_____

_____

_____

_____

Sobre la cultura hispana Refer to the **Notas culturales** section of your textbook to see how much you remember.

1. ¿Qué une la América del Norte con la América del Sur?

   _____

2. Además del español, ¿qué otro idioma se habla en Panamá?

   _____

3. ¿Con qué está asociada la principal fuente de ingresos de Panamá?

   _____

4. ¿Cuántas esclusas (*locks*) tiene el Canal de Panamá?

   _____

5. ¿Cuál es la unidad monetaria de Panamá?

   _____

6. ¿Cuál es la unidad monetaria de España?

   _____

7. ¿Es fácil abrir una cuenta corriente en los países latinoamericanos?

   _____

LECCIÓN 7
Workbook Activities

⌐ Para practicar

A. **Para hablar del pasado** Complete the following chart with the missing forms of the preterit.

Infinitive	*yo*	*tú*	*Ud., él, ella*	*nosotros(as)*	*Uds., ellos, ellas*
1. hablar	hablé	hablaste	habló	hablamos	hablaron
2. trabajar	trabajé			trabajamos	
3. cerrar			cerró		
4. empezar		empezaste			
5. llegar				llegamos	
6. buscar					buscaron
7. comer	comí	comiste	comió	comimos	comieron
8. beber			bebió		
9. volver	volví				
10. leer			leyó		
11. creer	creí				
12. vivir	viví	viviste	vivió	vivimos	vivieron
13. escribir		escribiste			
14. recibir				recibimos	
15. abrir			abrió		

B. **¿Qué pasó ayer?** Compare what everybody always does to what everyone did yesterday, using the cues provided.

1. Sergio siempre vuelve a su casa a las cinco. (siete)

   _____

2. Yo siempre comienzo a trabajar a las ocho. (siete)

   _____

3. Ellos siempre leen *Newsweek.* (*People*)

   _____

4. Ustedes siempre empiezan a estudiar a las siete. (nueve)

   _____

5. Yo siempre llego a casa temprano. (tarde)

   _____

6. Daniela siempre come en la cafetería. (en su casa)

   _____

7. Yo siempre saco la basura por la mañana. (por la noche)

   _____

8. Tú siempre compras naranjas. (manzanas)

   _____

C. **En el pasado...** Rewrite the following dialogue in the past.

—¿Adónde vas?
—Voy a la fiesta que da Sergio.
—¿Susana va contigo?
—No. Oye, ¿tú das una fiesta el sábado?
—Yo doy una fiesta, pero no es el sábado.
—El doctor Vargas y la doctora Torres, ¿van a tu fiesta?
—Sí, ellos son mis profesores.

_____

_____

_____

_____

_____

_____

_____

D. **De compras** We all went shopping yesterday to buy presents for each other for the coming holidays. To indicate who bought what for whom, follow the model.

MODELO: yo / a papá / una corbata

Yo le compré una corbata a papá.

1. papá / a mí / zapatos

_____

2. mamá / a ti / una cartera

_____

3. yo / a mis hermanos / camisas

_____

4. mis padres / a nosotros / billeteras

_____

5. mi abuela / a mi hermana / una blusa

_____

6. nosotros / a ustedes / guantes

_____

E. **Conversaciones breves** Complete the exchanges, heard in the school cafeteria, by using the Spanish equivalent of the words in parentheses.

1. — ¿Tus padres _____ dinero? (*sent you*)

— Sí, _____ quinientos dólares. (*they sent me*)

2. — Tu novio está en Costa Rica. ¿Tú _____? (*write to him*)

— Sí, yo _____ todos los días. (*write to him*)

3. —¿El profesor _____ en inglés? (*speaks to you*)

—No, él siempre _____ en español. (*speaks to us*)

4. —Profesor, ¿la secretaria _____ los libros? (*gave you*)

—Sí, esta mañana.

5. —¿Tú _____? (*paid to them*)

—Sí, _____ ayer. (*I paid to them*)

F. **¿Qué nos gusta?** Complete the following chart, using the Spanish construction with **gustar**.

English	Indirect Object	Verb *gustar*	Person(s) or Thing(s) Liked
1. I like this vest.	Me	gusta	este chaleco.
2. I like these ties.	Me	gustan	estas corbatas.
3. You (*fam.*) like the blouse.	Te		
4. He likes the boots.	Le		las botas.
5. She likes the dress.			
6. We like the clerk.	Nos		
7. You (*pl.*) like the store.	Les	gusta	
8. They like to work and to study.			
9. I like this shirt.			
10. He likes to go shopping.			
11. We like those sandals.			

G. **Eso me gusta más.** Rewrite the following sentences, substituting **gustar más** for **preferir**, to indicate what everybody likes better.

MODELO: Mi mamá prefiere la blusa verde.

A mi mamá le gusta más la blusa verde.

1. Mis padres prefieren jugar al tenis.

_____

2. Mi hermano prefiere los pantalones grises.

_____

3. Yo prefiero ir de compras los sábados.

_____

4. ¿Tú prefieres las botas blancas?

_____

5. Nosotros preferimos salir temprano.

_____

6. ¿Uds. prefieren la cartera roja?

_____

H.   De la mañana a la noche Tell what everybody did yesterday, by using the cues provided.

1. papá / levantarse / temprano

_____

2. mis hermanos / afeitarse / en el baño

_____

3. yo / bañarse / por la mañana

_____

4. nosotros / sentarse / a comer / en la cocina

_____

5. tú / probarse / la falda nueva

_____

6. mamá / despertarse / tarde

_____

7. Uds. / lavarse / la cabeza

_____

8. todos nosotros / acostarse / a las diez

_____

I.   Crucigrama

HORIZONTAL

3. Los sábados vamos de _____ .
5. *scarf,* en español
6. ¿Está a la derecha o a la _____ ?
8. Las mujeres lo usan; los hombres, no
10. ponerse ropa
11. venta
13. opuesto de **acostarse**
16. Nos probamos la ropa en el _____ .
17. Los hombres lo usan para dormir.
18. Uso L'Oreal para lavarme la _____ .
21. Se usa con una falda.
22. opuesto de **tarde**
23. Se usa en la cabeza.
24. Él compra su ropa en el departamento de _____ .

VERTICAL

1. No nos gusta nuestra casa. Vamos a _____ .
2. ropa interior de hombre
4. opuesto de **mañana**
7. Compramos zapatos en la _____ .
9. talla
12. bolsa
14. opuesto de **ancho**
15. Me quedan chicos; me _____ .
19. Lo uso cuando tengo frío.
20. Las mujeres lo usan para dormir.

Lección 7, Workbook   **67**

J. **Entre amigos** Two friends are talking. Match the questions in column A with the answers in column B.

A

1. ¿Te bañaste?

2. ¿Te vas a poner los guantes?

3. ¿Qué compraste en la zapatería?

4. ¿Compraste ropa interior?

5. ¿Te gustan los zapatos?

6. ¿Son muy estrechos?

7. ¿Tienen una liquidación en la tienda?

8. ¿Eva vive en Puerto Limón?

9. ¿Qué se va a poner ella para dormir?

10. ¿Carlos se probó las botas?

B

a. Un par de sandalias.

b. Sí, le quedan grandes.

c. Sí, pero me aprietan.

d. Sí, dos calzoncillos.

e. Sí, dan el diez por ciento de descuento.

f. Sí, tengo las manos frías.

g. No, se mudó a San José.

h. El camisón rosado.

i. Sí, y me lavé la cabeza.

j. Sí, necesito unos más anchos.

K. **¿Qué pasa aquí?** Look at the illustration and answer the following questions.

1. ¿Qué se va a probar Carmen?

_____

2. ¿El vestido está en liquidación?

   _____

3. ¿Qué descuento da la tienda hoy?

   _____

4. ¿Qué le quiere comprar Carmen a Pablo?

   _____

5. ¿Qué quiere comprar Rosa?

   _____

6. ¿Qué lleva Rosa en la mano?

   _____

7. ¿Qué número calza Adela?

   _____

8. ¿Le van a quedar bien los zapatos a Adela?

   _____

9. ¿Le van a quedar grandes o chicos?

   _____

10. ¿Cree Ud. que las botas son de buena calidad?

    _____

11. ¿Adela piensa comprar las botas?

    _____

12. ¿Cómo se llama la tienda?

    _____

⊡ Para leer

Read the following story about Carlos Alberto, and then answer the questions.

Mañana pienso levantarme a las seis de la mañana. En seguida
voy a bañarme, afeitarme y vestirme porque quiero salir temprano
para ir de compras. Voy a desayunar° en una cafetería del centro°   *have breakfast / downtown*
y a las ocho voy a estar en la tienda La Época, donde tienen una
gran liquidación.

Necesito comprar un traje, dos camisas, un pantalón y dos o tres
corbatas. Después voy a ir al departamento de señoras para
comprarle un vestido a mi hermana; también quiero comprarle
una blusa y una falda a mamá, pero no sé qué talla usa. Además,°   *Besides*
a mamá nunca le gusta nada.

¡Conteste!

1. ¿Carlos Alberto piensa levantarse temprano o tarde mañana?

   _____

2. ¿Qué va a hacer en seguida?

   _____

3. ¿Para qué quiere salir temprano?

   _____

4. ¿Va a desayunar en su casa?

   _____

5. ¿A qué hora quiere estar en la tienda?

   _____

6. ¿Por qué quiere ir Carlos Alberto a la tienda La Época?

   _____

7. ¿Qué va a comprar Carlos Alberto?

   _____

   _____

8. ¿A qué departamento tiene que ir para comprar el vestido?

   _____

9. ¿Qué quiere comprarle Carlos a su mamá?

   _____

10. ¿Qué le gusta a la mamá de Carlos Alberto?

   _____

⌑ Para escribir

Clarity is an important element in any type of writing. A chronological relation of actions or events is one technique you can use to convey a clear picture for your reader. Indicating days of the week, time, or general time references (**por la mañana / tarde**) helps establish a clear sequence of events. Other useful words are:

primero   **luego, después**   **por fin, finalmente**

Write one or two paragraphs about what you did yesterday and where you went. Relate the events chronologically, and include what time you got up and what time you went to bed.

_____

_____

_____

_____

_____

_____

_____

_____

_____

Sobre la culutura hispana Refer to the **Notas culturales** section of your textbook to see how much you remember.

1. Costa Rica es un país situado

   a. en América del Sur.   b. en América Central.

2. Costa Rica es el país centroamericano que tine

   a. el menor número de analfabetos.   b. el mayor número de analfabetos.

3. Se dice que en Costa Rica hay

   a. más maestros que soldados.   b. más soldados que maestros.

4. En la mayoría de los países hispanos, la medida de la ropa se da en

   a. pulgadas.   b. centímetros.

5. Un metro equivale a

   a. 6,28 pies.   b. 3,28 pies.

Workbook Activities

⧉ Para practicar

A. En el pasado Complete the chart below with the missing forms of the infinitive and preterit.

Infinitive	*yo*	*tú*	*Ud., él, ella*	*nosotros(as)*	*Uds., ellos, ellas*
1. traducir			tradujo		
2. traer		trajiste			
3.	tuve				tuvieron
4.			puso		pusieron
5. saber		supiste			
6.	hice			hicimos	
7.			quiso		quisieron
8.		condujiste		condujimos	
9. estar			estuvo		
10.	dije			dijimos	
11.	pude	pudiste			
12.			vino		vinieron

B. En el supermercado These exchanges were heard in the supermarket yesterday. Indicate what is being said by completing them with the preterit of the verbs given.

1. —¿Tus hermanos _____ (venir) esta mañana?

   —Sí, y nos _____ (traer) un pastel de manzanas. Yo lo _____ (poner) en el refrigerador.

2. —¿Roberto _____ (poder) ir al banco ayer? ¿O _____ (tener) que trabajar?

—Él _____ (estar) en casa de sus amigos todo el día.

3. —¿Qué te _____ (decir) tus padres del préstamo?

—No _____ (querer) decirme nada todavía.

4. —¿Cómo _____ (venir) tu primo al supermercado ayer?

—_____ (conducir) el coche de papá.

C. **¿A quién se lo damos?** Complete the chart below with the Spanish equivalent of the English sentences. Use the masculine singular object pronoun **lo** in each response.

English	Subject	Indirect Object Pronoun	Direct Object Pronoun	Verb
1. I give it (*m.*) to you.	Yo	te	lo	doy.
2. You give it to me.	Tú			
3. I give it to him.		se		
4. We give it to her.				damos.
5. They give it to us.				
6. I give it to you (*Ud.*).				
7. You give it to them.	Tú			

D. **Mamá va al mercado** Tell for whom your Mom buys things, replacing the direct objects with direct object pronouns.

MODELO: Yo quiero peras.

Mamá me las compra.

1. Nosotros queremos manzanas.

_____

2. Tú quieres sandía.

_____

3. Los chicos quieren helado.

_____

4. Yo quiero melocotones.

_____

5. Graciela quiere pan.

_____

6. Ud. quiere zanahorias.

_____

E.   **¿Lo hicieron o no?**   Someone wants to know whether people did what they were supposed to do. Answer the following questions in the affirmative, replacing the direct objects with direct object pronouns.

1. ¿Me trajiste *el detergente*?

_____

2. ¿Les dieron *los vegetales* a Uds.?

_____

3. ¿Le diste *el cereal* al niño?

_____

4. ¿Te compraron *la carne*?

_____

5. ¿Le trajeron *la lejía* a Ud.?

_____

6. ¿Les vendieron *peras* a ellas?

_____

7. ¿Me *limpiaste* la casa?

_____

8. ¿Les prepararon *la comida* a Uds.?

_____

F.   **¿Y qué hicieron ellas?**   Lola and Marisol never do what others do. Tell what happened last week. Use the information given.

1. En el restaurante todos pedimos tamales. (Ellas / tacos)

_____

2. En la fiesta yo serví refrescos. (Lola / cerveza)

_____

3. Nosotros nos divertimos mucho en el club. (Ellas / no)

_____

4. Cuando estuvimos en Lima todos dormimos en un hotel. (Marisol / en casa de una amiga)

_____

5. Para ir al cementerio (*cemetery*) todos nos vestimos de negro. (Ellas / de rojo)

_____

G.   **¿Qué sucedió?** (*What happened?*) Rewrite the following sentences to indicate that everything happened in the past.

1. Él viene a verme. Me pide dinero y yo se lo doy.

_____

2. Los chicos se divierten mucho, pero después tienen que trabajar.

_____

3. Ellos traen las cartas, las traducen y las ponen en el escritorio.

_____

4. Ella está en la fiesta. ¿Qué hace él?

_____

5. Nosotros hacemos el café y ellos lo sirven.

_____

6. Ella no puede venir hoy, pero no les dice nada.

_____

7. Muchas personas mueren en accidentes.

_____

8. Teresa no consigue trabajo, pero sigue buscando.

_____

H.   **Hace diez años** Ten years ago Mireya wrote this composition about herself and her family. Rewrite her composition, using the imperfect tense.

Mi padre trabaja para la compañía Reyes y mi madre enseña (*teaches*) en la universidad. Es una profesora excelente. Todos los veranos mi familia y yo vamos a Arequipa a ver a nuestros tíos y siempre nos divertimos mucho. Mis abuelos viven en Chile y no los vemos mucho, pero siempre les escribimos o los llamamos por teléfono.

_____

_____

_____

_____

_____

_____
_____
_____
_____
_____
_____
_____
_____
_____
_____

I. **En otros tiempos** Complete the following exchanges about life in the past with the Spanish equivalent of the words in parentheses.

1. —¿Uds. veían a sus abuelos _____? (frequently)

   —No, los veíamos muy _____ . (rarely)

2. —¿A qué hora te levantabas tú _____ . (generally)

   —Me levantaba a las seis _____ . (normally)

3. —¿Tú entendías a tu profesora de francés?

   —Sí, porque siempe hablaba _____ . (slowly and clearly)

Lección 8, Workbook **77**

J. Crucigrama

HORIZONTAL

2. Ella come _____ por la mañana.
3. langostas, camarones, cangrejos, etc.
5. camarones
8. Compré carne en la _____ .
9. patata
11. Quiero _____ de cerdo.
13. Se come con pan.
15. Cuando yo estaba en la universidad, siempre _____ mucho dinero en comestibles.
16. Compro medicinas en la _____ .
18. En México los llaman "blanquillos".
22. Fab o Tide, por ejemplo.
23. Yo no le pongo _____ al café.
24. banana
25. pimiento
26. Voy a comer un _____ caliente.
27. 12 de algo.
28. *People, Time,* etc.
29. Ayer no tuve _____ de hacerlo.
31. apurarse; _____ prisa

VERTICAL

1. Voy a bañarme. Necesito el _____ .
2. *onion,* en español
4. pan, vegetales, frutas, carne, etc.
6. Compré el pan en la _____ .
7. Necesito _____ y tomates para la ensalada.
10. vegetal bajo en calorías
12. vegetal favorito de Bugs Bunny
14. Es un mercado al aire _____ .
17. *last night,* en español
19. lechuga, tomates, papas, etc.
20. Tiene siete días.
21. melocotón
26. Voy a hacer un _____ de manzanas.
29. tarta
30. tuna, salmón, etc.

Name _____   Section _____   Date _____   **79**

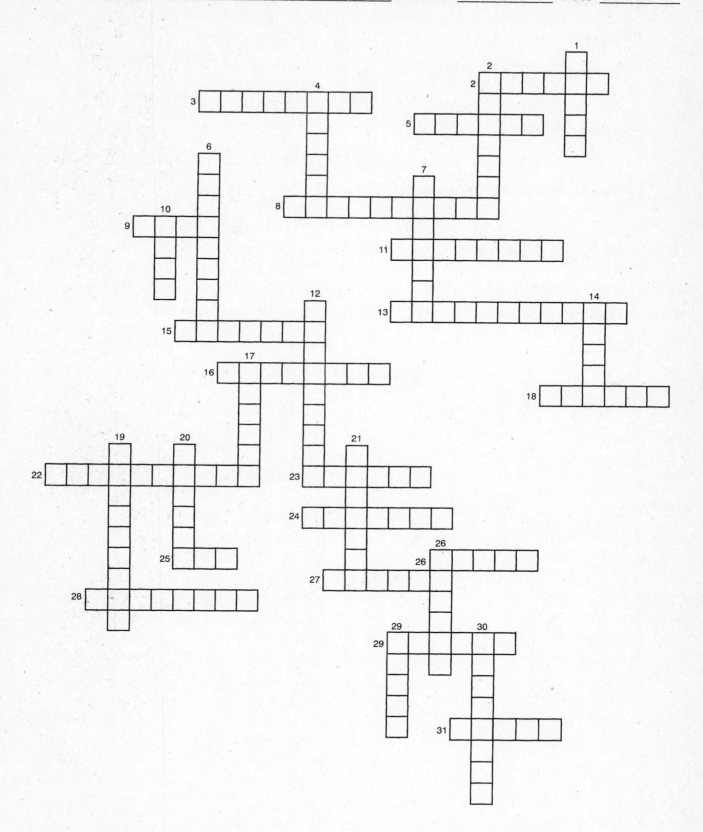

Lección 8, Workbook   **79**

K. **En un mercado al aire libre** This is a conversation between doña María, a regular customer, and a vendor at an outdoor market. Supply the missing words, using vocabulary from *Lección 8*.

—Buenos días, doña María. ¿Qué _____ desea Ud. hoy?

—Quiero _____ para hacer jugo y _____ para hacer un pastel.

—¿Desea algo más?

—Sí, necesito carne. _____ de cerdo y de _____ .

—¿Va a llevar algún tipo de mariscos?

—Sí, una _____ y seis _____ .

—¿No desea camarones?

—No, no me gustan los camarones.

—Ah, doña María, la _____ de su casa estuvo aquí ayer a comprar y

_____ olvidada (*forgotten*) su bolsa con dinero y con una tarjeta de

_____ . ¿Ud. puede llevársela?

—Sí, yo se la llevo, y muchas gracias.

L. **¿Qué dice aquí?** Look at the supermarket ad and answer the following questions.

SI ES DE ALLÁ, NOSOTROS LO TENEMOS AQUÍ.

13 | 14 | 15 | 16 | 17 | 18 | 19

Zanahoria Bolsa de 1Lb.
4 POR 99¢

Cebolla Cafe
6 LBS 99¢

PAVO ASADO

Naranjas
6 LBS 99¢

Bolillos Mexicanos
6 POR 99¢

Banana Amarilla
3 LBS 99¢

Tomates Roma
3 LBS 99¢

Pollo
$1 29 EA.

Manzana Fuji
3 LBS 99¢

Sardinitas Frescas
99¢ LB.

LOS ANGELES
2021 W. Pico Blvd.,
Los Angeles CA 90006
(213) 389-4444

¡Atención! **libra** = *pound,* **centavo** = *cent*

1. ¿Cómo se llama el supermercado? ¿En qué ciudad está?

   _____

2. ¿Qué frutas puede Ud. comprar a precios especiales?

   _____

3. ¿Cuánto debe pagar por una libra de bananas?

   _____

4. ¿Qué puede comprar en la carnicería del mercado?

   _____

5. En la pescadería, ¿qué puede comprar y cuánto debe pagar por cada libra?

   _____

6. ¿Qué vegetales están rebajados (*marked down*) y cuánto cuestan ahora?

   _____

7. ¿Cuánto tiempo duran estos precios?

   _____

8. En la panadería, ¿qué tipo de pan está rebajado?

   _____

9. ¿Qué tarjetas de crédito aceptan en el mercado?

   _____

Para leer

Read the following story, and then answer the questions.

Ayer Antonio invitó° a unos amigos a comer y por la mañana fue de compras al mercado. Gastó mucho dinero, pero preparó una cena magnífica.

invited

Hizo un pastel de chocolate y para eso tuvo que comprar harina,° leche, huevos, chocolate, mantequilla y azúcar.

flour

Preparó también una ensalada de frutas muy buena. Le puso naranjas, uvas, peras, bananas y otras frutas.

Fue a la carnicería y a la pescadería para comprar pollo y mariscos para hacer una paella,[1] que les gustó mucho a sus invitados.° No tuvo que comprar vino porque lo trajeron sus amigos. Después de la cena, todos fueron a ver un partido de básquetbol.

guests

[1]A typical Spanish dish.

¡Conteste!

1. ¿A quiénes invitó Antonio a comer?

_____

2. ¿Adónde fue por la mañana?

_____

3. ¿Cómo estuvo la cena?

_____

4. ¿Costó mucho dinero preparar la cena?

_____

5. ¿Qué ingredientes usó para hacer la torta?

_____

_____

6. ¿Qué tipo de ensalada preparó?

_____

7. ¿Qué le puso a la ensalada?

_____

_____

8. ¿Puede decirnos dos ingredientes de la paella?

_____

9. Sabemos que la paella estuvo buena. ¿Por qué?

_____

10. ¿Quién trajo el vino?

_____

11. ¿Qué hicieron después de la cena?

_____

⌐ Para escribir

Write an e-mail to a parent telling about a meal you had at a friend's house
or about one you prepared for friends. Tell with whom you ate, what you
ate, and how the meal was. You can also mention the ingredients of a
particularly good dish, what else you did, and whether you had fun.
Combine what you have learned about letter writing and sequencing words.

_____

_____

_____

_____

_____

_____

_____

_____

_____

_____

Sobre la cultura hispana Refer to the **Notas culturales** in your textbook to see how much you
remember.

Conteste estas preguntas.

1. ¿Cuál es la capital de Perú?

   _____

2. ¿De qué nacionalidad era Francisco Pizarro?

   _____

3. ¿Cuál era la capital de los incas?

   _____

4. ¿Qué ruinas famosas hay cerca de Cuzco?

   _____

5. ¿Puede Ud. mencionar tres tiendas especializadas en uno o dos productos?

   1. _____

   2. _____

   3. _____

6. En los países hispanos, ¿con quiénes viven, generalmente, las personas mayores?

   _____

LECCIÓN 9

Workbook Activities

⊡ Para practicar

A.   ¿Por o para? Complete each sentence with either **por** or **para**, and indicate the reason for your choice by placing its corresponding letter, beside the preposition, in the blank provided.

Uses of *por*	Uses of *para*
a. motion: *through, along, by, via*	f. destination in space
b. cause or motive of an action	g. goal for a specific point in time
c. means, manner, unit of measure	h. whom or what something is for
d. *in exchange for*	i. objective
e. period of time during which an action takes place	j. *in order to*

Ayer fuimos a la agencia de viajes _____ la mañana _____ comprar un pasaje

_____ Panamá. Pagamos $500 _____ el pasaje. En Panamá vamos a visitar a

Carlos, que estudia allí _____ economista. Pensamos pasear _____ toda la ciudad

y comprar regalos _____ nuestros amigos. Vamos a llamar _____ teléfono a

nuestros padres todos los días. Ellos no van con nosotros _____ no tener tiempo.

Necesitamos volver _____ el 15 de julio.

B.   ¿Cómo, por qué y para qué? Complete the following sentences, using **por** or **para** appropriately, according to the information given.

1. Le compré una cartera a Lucía. La cartera es _____.

2. La puerta estaba cerrada. Tuve que salir _____.

3. El pasaje me costó $500. Pagué $500 _____.

4. Necesito hablar con Silvia. La voy a llamar _____.

5. Nosotros trabajamos de siete a once de la mañana. Trabajamos _____.

6. Había mucho tráfico y llegamos tarde. Llegamos tarde _____.

7. Voy a estar en México desde el cinco de enero hasta el cinco de marzo.

   Voy a estar en México _____.

8. Mañana vamos al aeropuerto porque viajamos a Panamá. Vamos a Panamá

_____.

9. Vengo con el propósito (purpose) de hablar con Ud. Vengo _____

_____.

10. Mañana tengo que tener el dinero. Necesito el dinero _____.

C. ¿Qué tiempo hace? What comments might these people be making about the weather? Notice where they are and the time of year.

1. Raquel está en Oregón en abril.

_____

2. Olga está en Alaska en enero.

_____

3. Ana está en Phoenix, Arizona, en julio.

_____

4. Pedro está en Londres en febrero.

_____

5. Mario está en Chicago en marzo.

_____

D. Lo que fue y lo que era Complete the following sentences, using the preterit or the imperfect. Then indicate the reason for your choice by placing the corresponding letter or letters in the blank provided before each sentence.

Preterit	**Imperfect**
a. Reports past actions or events that the speaker views as finished and complete.	c. Describes past actions or events in the process of happening, with no reference to their beginning or end.
b. Sums up a condition or state viewed as a whole (and no longer in effect).	d. Indicates a repeated or habitual action: "used to . . .", "would . . ."
	e. Describes a physical, mental, or emotional state or condition in the past.
	f. Expresses time or age in the past.
	g. Is used in indirect discourse.
	h. Describes in the past or sets the stage.

1. _____ Ayer ellos _____ (celebrar) su aniversario de bodas.

2. _____ Cuando nosotros _____ (ser) niños, siempre _____ (ir) a fiestas de cumpleaños.

3. _____ _____ (Ser) las cuatro de la tarde cuando llegaron a la fiesta.

4. _____ Anoche yo _____ (ir) al restaurante y _____ (comer) langosta.

5. _____ Anoche, en la fiesta, Elsa _____ (tomar) muchos refrescos porque

_____ (tener) mucha sed.

6. _____ Me dijo que tú _____ (querer) comer chuletas.

7. _____ Yo _____ (ir) al club cuando _____ (ver) a Roberto.

8. _____ Ella me llamó mientras yo _____ (estar) en la fiesta.

9. _____ Toda la semana, _____ (hacer) mucho calor y el cielo

_____ (estar) nublado.

10. _____ Ayer me _____ (doler) la cabeza todo el día.

11. _____ ¿Tú _____ (divertirse) anoche en el baile?

12. _____ Julio _____ (estar) bailando con otra chica cuando

_____ (llegar) su novia.

E. **La vida de Amalia** Tell us about Amalia by completing the following information, and using the Spanish equivalent of the words in parentheses.

1. Cuando Amalia _____ , ella y su familia _____

en Bogotá y siempre _____ de vacaciones a Costa Rica.
(*was a child / lived / used to go*)

2. Amalia _____ inglés con sus padres, pero sus amigos siempre

_____ en español. (*used to speak / spoke to her*)

3. _____ las ocho cuando Amalia _____ a su casa anoche.
(*It was / arrived*)

4. Ayer Amalia _____ que _____ dinero.
(*told me / she needed*)

5. _____ cuando Amalia _____ de su casa esta mañana.
(*It was cold / left*)

F. **¿Cuánto tiempo hace de eso?** (*How long ago was that?*) Carlos and Raquel are sitting at a restaurant, complaining about everything, especially having to wait. Indicate how long ago everything happened by giving the Spanish equivalent of the words in parentheses.

CARLOS: —¿Dónde está el mozo? _____

y todavía no nos trajo el menú. (*We arrived twenty minutes ago.*)

RAQUEL: —¡_____! ¡Tengo hambre!
(*I had breakfast six hours ago.*)

CARLOS: —¡Ah! ¿Hablaste con tu hermana?

RAQUEL: —Sí, _____ y me dijo que
          necesitaba dinero. (*I spoke with her two days ago*)

CARLOS: —¿Qué hace esa chica con el dinero? Tu papá le mandó dinero
          _____. (*a month ago*)

RAQUEL: —¡No lo sé! ¡Ah! Aquí viene el mozo.

G. Lo nuestro y lo de ellos Complete each sentence, using the possessive pronoun that
corresponds to each subject.

MODELO: Yo tengo mis libros y Julio tiene _____ .

          *Yo tengo mis libros y Julio tiene **los suyos**.*

1. Ellos necesitan sus zapatos y nosotros necesitamos _____ .

2. A mí me gusta mi casa y a mi hermana le gusta _____ .

3. Ella mandó sus tarjetas y yo mandé _____ .

4. Yo hablé con mi profesor y Eva habló con _____ .

5. Antonio puede llevar a su novia y tú puedes llevar a _____ .

6. Olga trajo su abrigo y yo traje _____ .

7. Ellos invitaron a su profesora y nosotros invitamos a _____ .

8. Mis pantalones son negros. ¿De qué color son _____ , Paquito?

H. Crucigrama

HORIZONTAL

2. Quiero _____ de papas.

4. ¿Tienes que trabajar o estás de _____ ?

6. Necesito tazas y _____ para servir el café.

7. pequeño

11. comer por la mañana

13. ¿Cuál es la _____ de la casa?

15. La necesito para tomar la sopa.

16. Necesito el mantel y las _____ para poner la mesa.

18. En Canadá hace mucho _____ en el invierno.

19. Quiero pan con mantequilla y _____ .

20. pedazo

VERTICAL

1. opuesto de **tarde**

2. De _____ quiero flan.

3. delicioso

5. Necesito sal y _____ .

7. Tengo veinte años. Mi _____ es en julio.

8. El mozo anota el _____ .

9. ¿Viven en la ciudad o en el _____ ?

10. Uso un tenedor y un _____ para comer un biftec.

12. Hoy es nuestro aniversario de _____ .

14. lugar donde cocinamos

17. ¿Quieres papas _____ ?

I. Conversaciones breves Two friends are talking. Match the questions in column A with the answers in Column B.

A

1. ¿Qué celebraron tus padres ayer?
2. ¿Cuánto tiempo hace que llegaron?
3. ¿No tienen que trabajar?
4. ¿Siempre vas a restaurantes?
5. ¿Qué desayunaste?
6. ¿Quieres café?
7. ¿Cuál es la especialidad de la casa?
8. ¿Qué quieres de postre?
9. ¿Tú pagas la cuenta?
10. ¿Va a llover?

B

a. Bistec y ensalada.
b. Su aniversario.
c. Sí, y tú dejas la propina.
d. No, están de vacaciones.
e. No, prefiero jugo de naranja.
f. Tocino con huevos.
g. Sí... el cielo está nublado.
h. Sí, porque no me gusta cocinar.
i. Dos días.
j. Flan con crema.

J. ¿Qué pasa aquí? Look at the illustration and answer the following questions.

1. ¿En qué restaurante están Eva y Tito?

_____

2. ¿Cuál es la especialidad de la casa?

   _____

3. ¿Cree Ud. que es un restaurante caro o barato?

   _____

4. ¿Eva va a pedir la especialidad de la casa?

   _____

5. ¿Qué prefiere comer Eva?

   _____

6. ¿Eva quiere comer puré de papas, papa al horno o papas fritas?

   _____

7. ¿Qué quiere comer Tito?

   _____

8. ¿Qué va a pedir Tito de postre?

   _____

9. ¿Qué toman Tito y Eva?

   _____

10. ¿Qué están celebrando Tito y Eva?

    _____

11. ¿Adónde cree Ud. que van a ir después de cenar, al teatro o a un juego de béisbol?

    _____

12. ¿Ud. cree que Tito y Eva tienen poco dinero o que son ricos?

    _____

⊡ Para leer

Read the following letter, and then answer the questions.

Bogotá, Colombia

4 de enero

Querida Amanda:

   Te estoy escribiendo desde la hermosa° capital colombiana. Bogotá es una ciudad muy moderna, pero también tiene edificios° coloniales.

   beautiful
   buildings

   Ahora es invierno aquí pero no hace mucho frío; generalmente hace buen tiempo y no llueve mucho.

   Si tenemos suficiente dinero, vamos a alquilar° un apartamento. Ana y yo queremos visitar la Catedral de Sal y también ir a Isla Margarita, pero no sé si vamos a poder hacerlo. Papá me dijo que iba a mandarme un cheque; si lo hace, vamos a estar en Isla Margarita por dos o tres días.

   rent

   Anoche fuimos a un restaurante muy elegante y confieso que comimos muchísimo. Yo pedí biftec (aquí lo preparan muy bien), arroz, sopa y ensalada. De postre, flan y helado de vainilla. Después fuimos todos a bailar y no volvimos al hotel hasta la madrugada.°

   dawn

   ¿Está nevando mucho en Denver? ¿Por qué no tomas el próximo avión a Bogotá?

   Bueno,° saludos° a tus padres.

   Well / greetings

   Un abrazo,°
   hug

   Silvia

¡Conteste!

1. ¿Cuál es la capital de Colombia?

   _____

2. ¿Cómo es la ciudad?

   _____

3. ¿Qué van a hacer Silvia y su amiga si tienen suficiente dinero?

   _____

4. ¿Qué dijo el papá de Silvia que iba a hacer?

   _____

5. ¿Qué van a poder hacer las chicas si el papá de Silvia le manda un cheque?

   _____

6. ¿Está Silvia a dieta (*on a diet*)? ¿Cómo lo sabe?

   _____

92 Lección 9, Workbook

7. ¿Volvieron las chicas temprano al hotel anoche?

_____

8. ¿Nieva mucho en Denver?

_____

9. ¿Qué debe hacer Amanda?

_____

10. ¿A quiénes les manda saludos Silvia?

_____

Para escribir

Remember what you learned about courtesy expressions in Lesson 7.
Useful expressions for ordering a meal are:

Camarero(a)	**Cliente**
¿Qué desea tomar el señor / la señora?	¿Me puede decir...?
En seguida (*Right away*) le(s) traigo...	¿Me puede traer la cuenta / el menú / etc.?
¿Desea algo más?	

Write a dialogue between you and a waiter. Order a big meal, including beverage and dessert. Ask for the bill and discuss how you will pay.

_____

_____

_____

_____

_____

_____

_____

_____

_____

_____

_____

Sobre la cultura hispana Refer to the **Notas culturales** section of your textbook to see how much you remember.

1. La capital de Colombia es _____.

2. Bogotá está rodeada de _____.

3. _____ es la línea aérea más antigua de la América del Sur.

4. Las _____ de Colombia son las mejores del mundo.

5. En la mayoría de los países hispanos, el desayuno es café con _____ y

   pan con _____.

6. En los países hispanos, la cena generalmente no se sirve hasta las

   _____ de la _____.

7. En los países de habla hispana, los camareros generalmente usan

   _____.

8. Cada país latinoamericano tiene platos _____, pero los restaurantes

   también sirven comida _____.

LECCIÓN 10

Workbook Activities

Para practicar

A. Para completar Fill in the blanks with the missing infinitive or past participle of each verb.

1. vendar: _____

2. _____ : hablado

3. hacer: _____

4. _____ : recibido

5. escribir: _____

6. _____ : comido

7. morir: _____

8. _____ : dicho

9. abrir: _____

10. _____ : roto

11. volver: _____

12. _____ : cerrado

13. poner: _____

14. _____ : bebido

15. ver: _____

16. _____ : leído

B. En el hospital Complete the following sentences with the Spanish equivalent of the words in parentheses to indicate what is going on at the hospital.

1. El seguro médico está _____ . (*paid*)

2. Tengo el brazo _____ . (*broken*)

3. Las recetas están _____ en inglés. (*written*)

4. La herida está _____ . (*bandaged*)

5. Las radiografías no están _____ . (*made*)

6. Tiene la pierna _____ . (*in a cast*)

7. La farmacia está _____ . (*open*)

8. Los hombres están _____ . (*dead*)

9. La enfermera está _____ . (*asleep*)

10. La sala de rayos X está _____ . (*closed*)

C. **¡Pobre Marisol!** Rewrite the following to say what has happened to Marisol.

1. Marisol se cae.

   _____

2. Se rompe una pierna.

   _____

3. La llevan al hospital en una ambulancia.

   _____

4. El médico la ve y le dice que le van a hacer una radiografía.

   _____

5. La enfermera la lleva a la sala de rayos X.

   _____

6. Le hacen una radiografía.

   _____

7. El médico le enyesa la pierna.

   _____

8. El médico le pone una inyección para el dolor.

   _____

9. Nosotros la llevamos a su casa.

   _____

10. Yo llamo a sus padres y les digo que Marisol quiere verlos.

    _____

D. **Un accidente** Pablo tried to get to the hospital right away when he was told that his brother had had an accident, but he got there very late. Indicate what had already taken place by the time he got to the hospital. Use the past perfect tense.

1. La enfermera le _____ (poner) una inyección antitetánica y le

   _____ (desinfectar) la herida.

2. Mis padres _____ (llamar) a su esposa, _____ (venir) al hospital y

   luego _____ (volver) a su casa para quedarse con los niños.

3. Nosotros _____ (ir) al hospital para verlo.

4. El médico le _____ (enyesar) la pierna.

5. Tú le _____ (traer) flores (*flowers*).

6. Yo _____ (hablar) con su jefe para decirle lo que _____ (pasar).

E.   Órdenes Complete the chart below with formal command forms.

Infinitive	Command Ud. form	Command Uds. form
1. comprar	compre	compren
2. dejar		
3. comer	coma	
4. beber		
5. escribir	escriba	escriban
6. abrir		
7. venir	venga	vengan
8. poner		
9. comenzar	comience	comiencen
10. atender		
11. recordar	recuerde	recuerden
12. volver		
13. pedir	pida	pidan
14. servir		
15. ir	vaya	
16. ser		sean
17. estar	esté	

F. ¡Hágalo! o ¡No lo haga! You need to give someone specific orders at the hospital. Use the list below to write commands about what to do or not to do with the elements given.

MODELO: llamarlo / el médico

el médico: llámelo

pagarlo
vendarla
no tomarlas por la noche
usarlas para caminar

no ponérsela ahora
pedirlo para el lunes
enyesarla
dársela al médico; no dejarla en el escritorio

1. la herida: _____

2. las muletas: _____

3. las pastillas: _____

4. el seguro médico: _____

5. la radiografía: _____

6. la inyección: _____

7. la pierna rota: _____

8. el turno: _____

G. Crucigrama

HORIZONTAL

5. parecer: yo _____ (*pres.*)
8. Si hay un accidente, llamamos una _____ .
10. Se rompió la pierna. Se la van a _____ .
11. ómnibus
12. Se rompió el brazo. Tiene el brazo _____ .
13. Tenemos diez en las manos.
15. Se rompió una pierna. Tiene una _____ .
18. La muñeca es parte del _____ .
20. Le van a poner una _____ de penicilina.
23. El _____ está en el pecho.
26. Tuvo un accidente. Lo llevaron a la sala de _____ .
28. romperse
30. Hay 60 en un minuto.
31. Deben salir _____ mismo.

VERTICAL

1. Los ojos y la nariz son parte de la _____ .
2. No voy en coche: prefiero _____ .
3. perder el conocimiento
4. La lengua está en la _____ .
6. El coche paró. Ahora está _____ .
7. Me rompí la pierna y ahora necesito usar _____ .
9. Le voy a _____ la herida.
10. Se cayó en la _____ de su casa.
14. Lo llevaron a la sala de _____ X.
16. Me torcí el _____ .
17. Necesitamos una _____ para ver si hay fractura.
19. coche
21. *back*, en español
22. La _____ es parte de la pierna.
24. No tengo _____ médico.
25. El médico le va a _____ una medicina.
27. Cuando me duele el _____ tomo Pepto-Bismol.
29. Voy a pedir _____ para el médico.

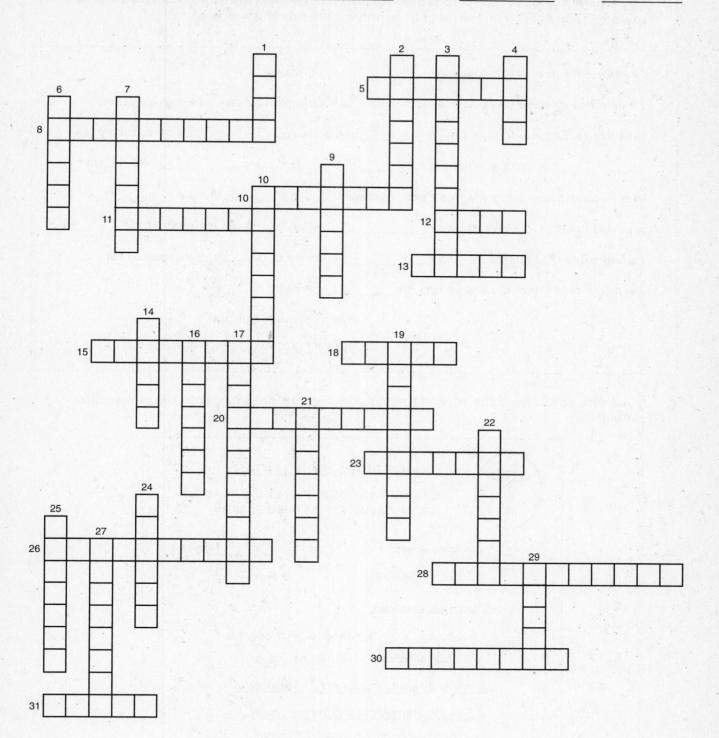

H. **La carta de Mirta** Silvia received this letter from her cousin Mirta, but many words are missing. Help Silvia read the letter by supplying the missing words.

> Querida prima:
>
> La semana pasada no pude ir a verte como había planeado porque he tenido varios
>
> problemas. El sábado tuve un _____ ; mi coche _____ con otro auto y los
>
> _____ tuvieron que llevarme al _____ . Tenía una _____ en el brazo;
>
> el médico me la vendó y me puso una inyección _____ . Como me _____
>
> mucho la pierna, me dieron unas _____ para el dolor y me hicieron varias
>
> radiografías. Por suerte no tenía _____ y no me la tuvieron que enyesar. He
>
> estado bastante mal, pero ya hoy me _____ mejor.
>
> Hasta pronto. Cariños,
>
> *Mirta*

I. **¿Qué dice aquí?** Read the ad, and then answer the questions based on the information provided.

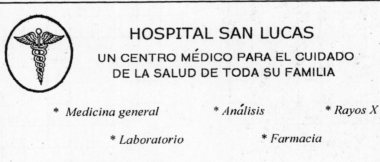

> ### HOSPITAL SAN LUCAS
> UN CENTRO MÉDICO PARA EL CUIDADO
> DE LA SALUD DE TODA SU FAMILIA
>
> * *Medicina general*   * *Análisis*   * *Rayos X*
>
> * *Laboratorio*   * *Farmacia*
>
> Médicos especialistas:
>
> * Cirujanos   * Cardiólogos   *Pediatras
>
> * Ortopédicos   * Ginecólogos
>
> *Servicio de ambulancias las 24 horas del día*
>
> *Sala de emergencia totalmente equipada*
>
> Servicio de enfermeras a domicilio
>
> **ACEPTAMOS TODO TIPO DE SEGUROS**
>
> *Teléfonos: 67-75-89 * 67-54-39*
>
> **Avenida Valdivia No. 578**
>
> **Amplio espacio de estacionamiento**

1. ¿Cómo se llama el hospital?

   _____

2. ¿Dónde está situado?

   _____

3. ¿A qué especialistas puedo ver en el hospital?

   _____

4. Si necesito radiografías o análisis, ¿puedo hacérmelos en el hospital? ¿Por qué?

   _____

5. Si tengo un accidente, ¿puedo ir al hospital? ¿Por qué?

   _____

6. ¿Cómo pueden transportarme al hospital en caso de accidente?

   _____

7. Mi seguro es de accidentes de trabajo. ¿Lo aceptan en el hospital? ¿Cómo lo sabe Ud.?

   _____

8. Si necesito el cuidado de una enfermera en mi casa, ¿puedo obtenerlo a través del hospital?

   _____

9. Si necesito estacionar (*park*) mi coche en el hospital, ¿voy a tener problemas?

   _____

10. Si necesito alguno de los servicios del hospital, ¿a qué teléfono debo llamar?

    _____

Lección 10, Workbook **101**

⬛ Para leer

Read the following letter, and then answer the questions.

Querida Marta:

Lo siento mucho, pero no voy a poder ir con Uds. a la playa este fin de semana porque ayer tuve un accidente. Me caí en la escalera y me fracturé una pierna.

Yo creía que sólo tenía torcido el tobillo, pero como me dolía mucho decidí ir al hospital. Cuando llegué allí, me llevaron a la sala de rayos X donde me hicieron varias radiografías. El médico me dijo que tenía la pierna rota. Ahora voy a tener que usar muletas por tres semanas para poder caminar.

¿Vas a venir a visitarme? Espero° verte pronto°.

Cariños° para todos,

Isabel

I hope / soon

love

¡Conteste!

1. ¿A quién le escribe Isabel?

_____

2. ¿Por qué no va a poder ir a la playa Isabel?

_____

_____

3. ¿Dónde se cayó Isabel?

_____

4. ¿Qué le pasó?

_____

5. ¿Qué pensaba Isabel que tenía?

_____

6. ¿Adónde llevaron a Isabel para hacerle las radiografías?

_____

_____

7. ¿Qué supo el médico al ver las radiografías?

_____

8. ¿Qué va a tener que usar Isabel para caminar?

   _____

9. ¿Por cuánto tiempo va a tener que usarlas?

   _____

10. ¿A quién espera ver pronto Isabel?

   _____

▣ **Para escribir**

You have now used a variety of tenses in Spanish. When writing, you
have time to think to select the appropriate tense to use. Remember as
you complete the writing assignment that the preterit is used to express
completed actions in the past, the imperfect is used for background
information and actions in progress, and the perfect tenses are used
much as in English. Check your work after writing to be sure that you
have used the correct tense and form.

Write a brief dialogue between you and a friend who had invited you to a
party. Explain that you couldn't make it because you had an accident. Tell
him/her what happened. Say where you were and what you were doing
when the accident happened. Talk about what took place at the hospital.

_____

_____

_____

_____

_____

_____

_____

_____

_____

Sobre la cultura hispana Refer to the **Notas culturales** section of your textbook to see how much you remember.

1. La capital de Chile es _____ .

   a. Asunción   b. Santiago

2. Chile fue fundado por _____ .

   a. los portugueses   b. los españoles

3. La capital del país refleja la influencia _____ .

   a. de Europa y de Norteamérica

   b. de los otros países suramericanos.

4. En la mayoría de los países hispanos los servicios médicos son _____ .

   a. muy caros   b. gratis

5. En los países hispanos, los primeros auxilios muchas veces se ofrecen en _____ .

   a. las casas de socorro   b. las casas de los médicos

Workbook Activities

⌐ Para practicar

A.   Quieren que todos... Complete the following chart as a review of the present subjunctive forms.

Infinitive	*yo*	*tú*	*Ud., él, ella*	*nosotros(as)*	*Uds., ellos, ellas*
1. bajar	baje	bajes	baje	bajemos	bajen
2. esperar					
3. deber	deba	debas	deba	debamos	deban
4. beber					
5. abrir	abra	abras	abra	abramos	abran
6. recibir					
7. hacer	haga				
8. decir		digas			
9. cerrar			cierre		
10. volver				volvamos	
11. sugerir					sugieran
12. dormir				durmamos	
13. sentir					sientan
14. comenzar	comience				
15. empezar					
16. dar		des			
17. estar			esté		
18. ir				vayamos	
19. ser					sean
20. saber	sepa				

B. ¿Qué quieren que hagamos? To indicate what everyone wants everybody else to do, complete the chart with the Spanish equivalent of the English sentences.

English	Subject	Verb	*que*	Subject of Subordinate Clause	Verb in the Subjunctive
1. He wants me to speak.	Él	quiere	que	yo	hable.
2. I want you to learn.				tú	
3. You want him to go out.	Tú				
4. She wants us to drink.					bebamos.
5. We want her to come.				ella	
6. You want them to read.	Uds.				
7. They (*m.*) want you to get better.				Uds.	
8. You want us to study.	Uds.				
9. They (*m.*) want us to write.					escribamos.
10. He wants us to sleep.	Él				
11. I want you to wait.				tú	
12. They (*f.*) want you to begin.				Uds.	
13. She wants him to work.					
14. We want them (*f.*) to go.					

C. Sugerencias y consejos Rewrite each of the following sentences, beginning with the phrase provided to indicate what people want or to suggest what they should do in different medical situations.

MODELO: Ella llama la ambulancia.

Quiero que...

Quiero que ella llame la ambulancia.

1. Nosotros le ponemos gotas.

   No quieren que _____.

2. Ellos van a la sala de emergencia.

   Deseamos que _____.

3. Él pide la receta.

   Dígale a él que _____.

4. Tú traes el jarabe.

   Te sugiero que _____.

5. Ella es su médica.

   Él quiere que _____.

6. ¿Yo compro las pastillas?

   ¿Tú quieres que _____?

7. Ud. toma penicilina.

   Yo le aconsejo a Ud. que _____.

8. Uds. están en el consultorio a las cinco.

   Papá sugiere que _____.

D. **Problemas de salud** Rewrite each sentence, beginning with the phrase provided, to express fear, sorrow, gladness or hope about these medical situations.

   MODELO: Tienen fiebre

   Espero que no...

   Espero que no tengan fiebre.

1. Tiene pulmonía.

   Temo que _____.

2. Ellos no son alérgicos a la penicilina.

   Me alegro de que no _____.

3. Tú tienes una infección en el oído.

   Siento que _____.

4. Tenemos que recetarles penicilina.

   Temo que _____.

5. Elsa se siente bien.

   Espero que _____.

6. María y yo podemos ir pronto.

   Esperan que _____.

7. Ud. no tiene gripe.

   Me alegro de que Ud. no _____.

8. El doctor lo examina.

   Él espera que _____.

E. **Mensajes electrónicos** Miguel Angel is reading e-mails. He got one from his mother, one from his sister, and one from a friend. Complete them, using the present subjunctive or the infinitive, as needed.

1. Miguelito:

¿Cómo estás, mi vida? ¿Todavía tienes fiebre? Quiero que (tú) _____ (ir) al médico y que _____ (seguir) tomando las vitaminas que te mandé. Yo sé que tú no quieres _____ (ir) al médico, pero espero que

_____ (hacer) lo que te pido. Ojalá que pronto _____

(estar) bien.   Mamá

2. Miguel Ángel:

Me dice mamá que tienes gripe. Yo te sugiero que _____ (tomar) aspirinas y que _____ (comprar) un jarabe para la tos. Temo no

_____ (poder) ir a verte porque Julio quiere que (nosotros)

_____ (pasar) unos días con su mamá. Espero que te

_____ (mejorar) pronto.   Nora

3. Miguel:

Siento que tú no _____ (poder) ir a la fiesta de Laura. Espero que

_____ (tener) tiempo para ir al club este fin de semana, porque mi

hermanita te quiere _____ (conocer). Te llamo mañana.   Diego

F. **Dos días en la vida de Luis** Luis is telling us what he did yesterday and what he's going to do today. Complete the following sentences, using the prepositions **a, de,** and **en.**

1. Voy _____ llevar _____ mi hijo _____ casa de Jorge, que le va _____

enseñar _____ manejar. Tenemos que estar _____ su casa _____ las tres

_____ la tarde.

2. Ayer conocí _____ la hermana _____ Raúl. Es una chica muy simpática.

Es morena, _____ ojos verdes, y Raúl dice que ella es la más inteligente _____

la familia.

3. Las vacaciones pasadas mis hermanos fueron a México. Fueron _____ tren y ayer me

estuvieron hablando _____ su viaje.

4. Ayer llevé _____ mi perro _____ la veterinaria, pero ella no estaba _____

su consultorio. Cuando llegué _____ casa la llamé por teléfono.

G. Crucigrama

HORIZONTAL

1. serio

3. resfriado

6. Tiene una _____ de 103 grados.

8. Trabaja en una farmacia.

9. oficina del médico

11. Sus pacientes son mujeres.

12. muy temprano en la mañana

15. lo que debe hacer una persona que está cansada

16. especialista del corazón (*heart*)

20. médico de niños

22. Necesito _____ para la nariz.

23. Lo necesitamos para la tos.

24. Necesito un antibiótico porque tengo una _____ .

VERTICAL

2. Va a tener un bebé (*baby*); está _____ .

4. Debe tomar la medicina _____ comidas.

5. antibiótico

7. *to worry*, en español

10. Nos la da un médico.

13. La tomamos cuando tenemos dolor de cabeza.

14. *Tums* es un _____ .

17. especialista de la piel (*skin*)

18. Voy a verlo si tengo problemas con los ojos.

19. sedativo

21. *cotton*, en español

G. **Conversaciones breves** Two roommates are talking. Match the questions in column A with the answers in column B.

A

1. ¿Tienes fiebre?

2. ¿Tienes gripe?

3. ¿Tienes dolor de cabeza?

4. ¿Tienes tos?

5. ¿Dónde está el médico?

6. ¿Qué te recetó el médico?

7. ¿Cuándo debes tomar la medicina?

8. ¿Hay una farmacia cerca de aquí?

9. ¿Qué hora era cuando te levantaste?

10. Estoy enferma. ¿Qué me sugieres?

B

a. Sí, voy a tomar dos aspirinas.

b. Las cuatro de la madrugada.

c. Unas pastillas de penicilina.

d. Que vayas al médico.

e. Sí, necesito un jarabe.

f. No... ¡pulmonía!

g. Sí, hay una en la calle Lima.

h. En el consultorio.

i. Entre comidas.

j. Sí, tengo una temperatura de 103 grados.

H. **¿Qué pasa aquí?** Look at the illustration and answer the following questions.

1. ¿Qué problema tiene Delia?

_____

Lección 11, Workbook **111**

2. ¿Qué temperatura tiene Delia?

_____

3. ¿Qué va a tener que tomar Delia para bajar la fiebre?

_____

4. ¿Qué no quiere Delia que haga el médico?

_____

5. ¿Qué le duele a Alberto?

_____

6. ¿Qué quiere Alberto que le recete el médico?

_____

7. ¿Qué cree Ud. que el médico le va a recetar para la infección de los oídos?

_____

8. ¿Adónde lleva la enfermera a José?

_____

9. ¿Qué le van a hacer a José?

_____

10. ¿Quién está embarazada?

_____

11. ¿A qué medicina es alérgica Sara?

_____

12. ¿Qué le duele a Marcos?

_____

13. ¿Qué puede tomar Marcos para el dolor de cabeza?

_____

14. ¿Dónde están todos estos pacientes?

_____

⊡ **Para leer**

Read the following diary excerpts, and then answer the questions.

DEL DIARIO DE ROSAURA

24 de septiembre

   Anoche me sentí muy mal toda la noche. Me dolían mucho los oídos y la cabeza y tenía mucha fiebre. Tomé dos aspirinas y me acosté.
   Hoy me levanté muy temprano y, como todavía° tengo fiebre, voy a ir al médico.   *still*

25 de septiembre

   Ayer fui al médico; me examinó y me dijo que tenía una infección en los oídos y que por eso me dolían tanto. Me recetó penicilina; menos mal°   *thank goodness*
que yo no soy alérgica a ninguna medicina. También me recetó unas gotas para el dolor de oídos.
   No pude comprar las medicinas porque ya eran más de las ocho cuando salí del consultorio y las farmacias cierran a las ocho.

¡Conteste!

1. ¿Cómo se sintió Rosaura toda la noche?

   _____

2. ¿Qué le dolía a Rosaura?

   _____

3. ¿Qué tomó Rosaura para la fiebre?

   _____

4. ¿Por qué va a ir ella al médico?

   _____

5. ¿Qué le dijo el médico después de examinarla?

   _____

6. ¿Por qué le dolían tanto los oídos a Rosaura?

   _____

7. ¿A qué medicinas es alérgica Rosaura?

   _____

8. ¿Qué le recetó el doctor a Rosaura para la infección? ¿Para el dolor de oídos?

_____

9. ¿Qué hora era cuando Rosaura salió del consultorio del médico?

_____

10. ¿A qué hora cierran las farmacias?

_____

G Para escribir

When you write a more formal note or letter, use the following salutation and closing. Also, remember to address the person you are writing to as **Ud.**

Estimado(a) señor(a)/profesor(a) + *name*:   *Dear . . .*
Atentamente,   *Sincerely,*

You have to miss an exam because you are sick. Write a note to your professor, explaining your reasons for missing the exam. Say what your symptoms are and what you are doing about your sickness. Be convincing! Also, be sure to ask when you can take the exam.

_____

_____

_____

_____

_____

_____

_____

_____

_____

_____

Sobre la cultura hispana Refer to the **Notas culturales** section of you textbook to see how much you remember.

1. ¿Dónde está situada la capital de Ecuador?

_____

2. ¿Cómo es el clima de Quito?

_____

3. ¿A qué estilo corresponde la arquitectura de Quito?

_____

4. ¿Cuál fue el primer país latinoamericano que le concedió el voto a la mujer?

_____

5. ¿Qué se puede comprar en las botánicas?

_____

LECCIÓN 12

Workbook Activities

▣ Para practicar

A.   ¿Existe o no? Look at the pictures and complete each sentence using either the indicative or the subjunctive.

1. Vamos a _____

   donde _____

   _____

2. ¿Hay algún _____

   donde _____

   _____ ?

3. Tengo una empleada que

   _____

   _____

4. Necesito un empleado

   _____

   _____

5. Tengo una amiga que

   _____

   _____

6. No conozco a nadie que

   _____

   _____

B.   En una agencia de viajes Complete the following sentences, using the Spanish equivalent of the words in parentheses.

1. —¿Hay alguien que _____ reservar los pasajes? (*can*)

    —Sí, yo conozco a una chica que _____ en una agencia de viajes. (*works*)

2. —¿Hay algún vuelo a Quito que _____ mañana por la mañana? (*leaves*)

    —No, pero hay uno que _____ mañana por la tarde. (*leaves*)

3. —Necesito unos folletos que _____ información sobre Buenos Aires. (*have*)

    —Yo tengo varios folletos que _____ información sobre Argentina. (*have*)

4. —Queremos una excursión que _____ el hotel. (*includes*)

    —Hay muchas excursiones que _____ el hotel. (*include*)

5. —¿Hay alguien aquí que _____ de Venezuela? (*is*)

    —Sí, hay dos chicas que _____ de Caracas. (*are*)

C. Las preguntas de Carlos Carlos wants to know some things about a new acquaintance. Play the role of the acquaintance by answering the following questions using the cues provided. Pay special attention to the use of the present indicative or the present subjunctive.

1. ¿Hay alguien en su familia que conozca Colombia? (no, nadie)

    _____

2. ¿Conoce Ud. a alguien que sea de México? (sí, a dos chicas)

    _____

3. ¿Hay alguien en la clase que sea de Perú? (no, nadie)

    _____

4. ¿Necesita Ud. un empleado que hable español? (no, yo tengo un empleado)

    _____

5. ¿Hay algo que yo pueda hacer por Ud.? (no, no hay nada)

    _____

D.   Órdenes Complete the chart below with the familiar **tú** command forms.

Infinitive	Affirmative Command	Negative Command
1. viajar		
2. comer		
3. escribir		
4. hacerlo		
5. venir		
6. bañarse		
7. vestirse		
8. dormirse		
9. ponerlo		
10. ir		
11. ser		
12. dármelas		
13. levantarse		
14. tener		
15. salir		
16. decírselo		

E.   ¿Qué tiene que hacer Ana? Play the role of Rosa by completing the following dialogue with the **tú** command forms of the verbs listed. Some verbs may be used more than once.

decirle   ponerle   ir   hacer   traerme   venir   llamar   preguntar

ANA: —Rosa, ¿qué quieres que haga?

ROSA: — _____ a la agencia de viajes y _____ unos folletos sobre

excursiones a Río. _____ si hay excursiones que incluyan el hotel.

ANA: —¿A qué hora vengo mañana?

ROSA: — _____ a las tres. Ah, y _____ a Carlos esta tarde.

ANA: —¿Qué le digo?

ROSA: —_____ que necesito sus maletas, pero no _____

que tú vas a viajar conmigo.

ANA: —¿Hago algo para comer?

ROSA: —Sí, _____ una ensalada. _____ aceite, pero no

_____ vinagre.

F. **Minidiálogos** Complete these exchanges, using the Spanish equivalent of the words in parentheses and the appropriate prepositions.

1. —Ana _____ Carlos cuando tenía diecisiete años. (*fell in love*)

—Sí, pero _____ él. (*she didn't marry*)

2. —Mis padres _____ que yo viaje con Elisa. (*insists on*)

—Ellos _____ que ella es muy antipática. (*don't realize*)

3. —Yo voy a _____ con Teresa. (*get engaged to*)

—Tus padres _____ que ella sea tu novia. (*are going to be glad*)

4. —Debes _____ comprar los pasajes. (*remember*)

—Yo nunca _____ nada. (*forget*)

5. —Ella me dijo que _____ esa agencia de viajes. (*didn't trust*)

—Sí, pero ella y yo _____ comprar los billetes allí. (*agreed on*)

G. **Intercambiando información** Complete these exchanges between two friends using **sino** or **pero** as needed.

1. —Marcos fue al banco.

—Sí, _____ no compró los cheques de viajero.

—Y los va a necesitar en Santiago.

—Él no va a Santiago _____ a Buenos Aires.

2. —No sé cuánto pagó Ramiro por el pasaje a Chile, _____ creo que le costó 2.000 dólares.

—No, no le costó 2.000 dólares _____ 1.500 dólares.

3. —Elba y Raúl quieren hospedarse en un buen hotel _____ no tienen mucho dinero.

—Podrían quedarse en casa de sus tíos, los Acosta, _____ ellos viven muy lejos de la ciudad.

—Los Acosta no son sus tíos _____ sus primos.

120 Lección 12, Workbook

H. Crucigrama

HORIZONTAL

1. maleta pequeña
4. Quiero un asiento de _____ .
7. Necesito _____ para viajar a Perú.
9. Viajar entre _____ es más barato que viajar el domingo.
10. Le deseo _____ viaje.
11. Voy a la _____ de viajes para comprar un pasaje.
12. Los aviones salen del _____ .
14. ¿El precio de la excursión _____ el hotel?
15. Quiero un billete de ida y _____ .
17. No va a viajar sola. Va a viajar _____ .
22. Vamos a hacer un _____ por el Caribe.
24. La puerta de _____ es la número 2.
25. No podemos _____ de vacaciones este verano.
27. Quiero un _____ en la sección de no fumar.
28. ir de vacaciones en el verano

VERTICAL

1. El agente nos _____ los folletos.
2. verbo: viajar; nombre: _____
3. Aquí tiene los _____ para su equipaje.
5. ¡Vamos! Es la última _____ para el vuelo 208.
6. Los norteamericanos no necesitan _____ para viajar a Canadá.
8. opuesto de **confirmar**
9. Los pasajeros deben _____ al avión ahora.
11. Delta y American son dos _____ .
13. billete
16. El vuelo no es directo. Hace _____ .
18. persona que viaja en un avión, en un tren, etc.
19. Salen hoy y van a regresar _____ de diez días.
20. Tiene muchas maletas. Debe pagar _____ de equipaje.
21. Estamos en la _____ de espera.
23. No hay problema. Todo está en _____ .
26. Le damos la _____ de embarque a la auxiliar de vuelo.

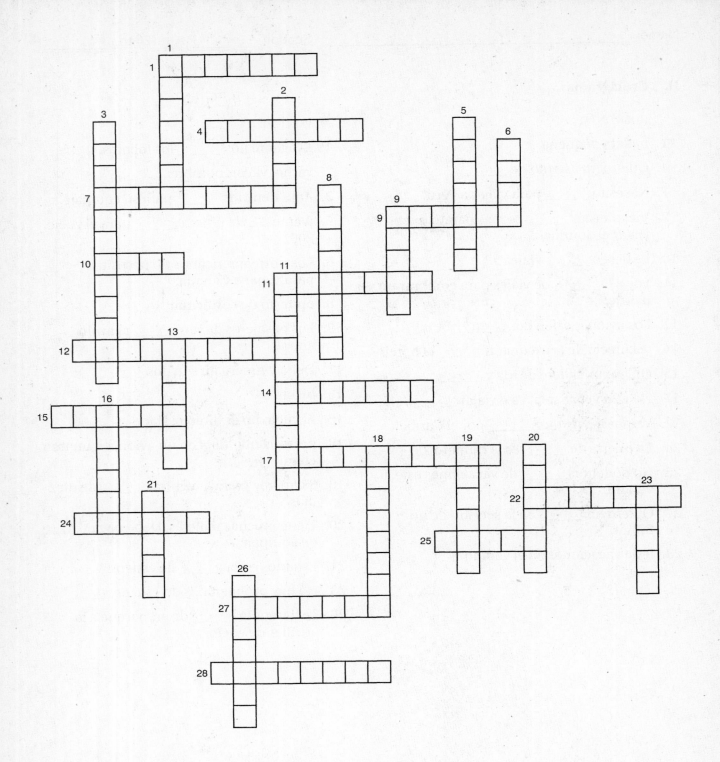

I. **La nota de Marcela** This is the note that Marcela left for her roommate Alicia. Complete it by supplying the missing words using vocabulary from this lesson.

Alicia: _____ de hacer las reservaciones hoy. Pide un _____ que no haga

escala o en el que por lo menos no necesitemos _____ de avión. Recuerda que no

queremos tener que _____ . Pregúntale al _____ de viajes qué

_____ necesitamos para viajar; pídele también una lista de _____ de

interés. Ah, pregúntale además a cómo está el _____ de moneda en Buenos Aires

y no olvides que yo no quiero un asiento de pasillo _____ de _____ .

Marcela

J. **¿Qué dice aquí?** Answer the following questions based on the ad.

1. ¿Cómo se llama la aerolínea que vuela a Guadalajara?

   _____

2. ¿Cuántos vuelos diarios a Guadalajara tiene esta aerolínea?

   _____

3. En estos vuelos, ¿los pasajeros tienen que cambiar de avión?

   _____

4. ¿Cómo es el sistema de reservación que tiene esta compañía?

   _____

5. ¿Qué tipo de avión usa la aerolínea para estos vuelos?

   _____

6. ¿Cuánto cuesta el viaje a Guadalajara?

   _____

7. ¿Cuánto tiempo dura (*lasts*) el viaje de México a Guadalajara?

   _____

8. ¿A qué teléfono debo llamar para hacer las reservaciones?

   _____

9. ¿Están incluidos los impuestos (*taxes*) en el precio del pasaje?

   _____

10. Si viajo el 23 de diciembre, ¿voy a pagar $399 dólares? ¿Por qué?

   _____

⌑ Para leer

Read the following advertisement that appeared in an Argentinian newspaper, and then answer the questions.

AMERITUR: ¡Visite el sur de España con nosotros!

Nuestras excursiones son las más completas y baratas. Nadie le da mejores precios° que Ameritur.

El pasaje en avión, el hotel y la transportación en España están incluidos en el precio.°

Tenemos varios tipos de excursiones: en primera clase o en clase turista. Si viaja entre semana Ud. recibe un descuento de un cinco por ciento en el precio del pasaje.

No pierda° la oportunidad de conocer los lugares más interesantes de España. Queremos que visite Granada, Sevilla, Córdoba y la hermosa playa de Marbella.

Pida informes a su agencia de viajes, o llame a nuestro teléfono, 976-5409, si quiere que le enviemos folletos sobre nuestras excursiones.

¡Lo esperamos!

better prices

price

miss

¡Conteste!

1. ¿Cómo son las excursiones de Ameritur?

   _____

2. ¿Quién da mejores precios que Ameritur?

   _____

3. ¿Qué cosas están incluidas en el precio de la excursión?

   _____

   _____

4. ¿Tiene Ameritur un solo tipo de excursión?

   _____

   _____

5. ¿Cuándo es más barato viajar con Ameritur?

   _____

6. ¿Qué descuento recibe Ud. si viaja entre semana?

_____

7. ¿Qué lugares del sur de España voy a visitar si viajo con Ameritur?

_____

_____

8. ¿Dónde puedo pedir informes sobre las excursiones?

_____

9. ¿Qué debo hacer si deseo recibir folletos sobre las excursiones de Ameritur?

_____

_____

▣ Para escribir

Write a dialogue between you and a travel agent. Say what kind of ticket you want; ask about prices, documents needed, flights, and hotel accommodations. Reserve a seat. Review what you learned in Lesson 6 about courtesy expressions, and remember to address the travel agent using the **Ud.** form.

_____

_____

_____

_____

_____

_____

_____

_____

_____

_____

Sobre la cultura hispana Refer to the **Notas culturales** section of your textbook to see how much you remember.

1. Buenos Aires es la ciudad hispana más _____ del hemisferio sur.

2. La población de Buenos Aires es casi enteramente de origen _____ .

3. A las personas que son de Buenos Aires se las llama _____ .

4. En la mayoría de los países de habla hispana cuando una mujer se casa retiene su apellido de

   _____ .

5. En muchos países latinoamericanos los cheques de viajeros sólo se pueden cambiar en los

   _____ y en algunos _____ .

LECCIÓN 13

Workbook Activities

⌑ Para practicar

A. Graciela siempre contradice Graciela never agrees with Olga on anything. Whatever Olga says, she contradicts. Respond to each statement, playing the role of Graciela.

1. Olga: —Podemos conseguir una habitación doble.

   Graciela: —No creo _____

2. Olga: —El cuarto tiene aire acondicionado.

   Graciela: —No es verdad _____

3. Olga: —Sirven comida hasta las once.

   Graciela: —Dudo _____

4. Olga: —El gerente nos va a dar dos llaves.

   Graciela: —No creo _____

5. Olga: —El precio incluye el desayuno.

   Graciela: —No es cierto _____

6. Olga: —El precio del hotel es muy bueno.

   Graciela: —No es verdad _____

7. Olga: —Debemos desocupar el cuarto a las doce.

   Graciela: —Dudo _____

8. Olga: —Alina quiere ir a Bariloche conmigo.

   Graciela: —No creo _____

B. ¿Qué va a pasar? Rewrite each of the following sentences, beginning with the word or phrase provided, to indicate what will happen in the future.

MODELO: Todos los días, en cuanto llego a casa, llamo a Marta.

              Mañana, *en cuanto llegue a casa, voy a llamar a Marta.*

1. Cuando viene el dueño, me da la llave.

   Esta noche, _____ .

2. Siempre lo esperamos hasta que llega.

   Lo vamos a esperar _____ .

3. Ayer ella me sirvió el almuerzo en cuanto llegué.

   Mañana _____ .

4. La semana pasada, Roberto compró los libros tan pronto como recibió el dinero.

   La semana próxima, _____ .

5. Anoche ella me habló en cuanto me vio.

   Esta noche _____ .

6. Todos los días, Teresa se va a su casa en cuanto termina.

   Mañana, _____ .

C. **Nos ayudamos** (*We help each other*) Use the subjunctive after the expressions **a menos que, antes de que, para que,** and **con tal que** to complete the following sentences, to show how these people try to accommodate one another.

1. Vamos a pedir arroz a menos que tú (querer) _____ biftec.

   él (preferir) _____ pollo.

   Uds. (desear) _____ sopa.

2. Voy a poner la calefacción antes de que él (llegar) _____ .

   ellos (venir) _____ .

   tú (salir) _____ .

3. Van a comprar los libros para que yo (poder) _____ estudiar.

   nosotros (leerlos) _____ .

   ella (tenerlos) _____ .

4. Yo puedo estar allí a las diez con tal que Uds. (llevarme) _____ .

   tú (venir) _____ temprano.

   él (traer) _____ el coche.

D. **Los viajeros** Complete the following, using the present indicative or the present subjunctive of the verbs given, to show what these travellers say.

1. Es verdad que este hotel _____ (ser) caro, pero no es verdad que _____ (ser) el

   mejor de la ciudad.

2. Yo no dudo que esta ciudad _____ (tener) muy buenos hoteles, pero no creo que los

   hoteles _____ (ser) muy baratos.

3. Tenemos que ir a cenar a un restaurante, a menos que el hotel _____ (tener) servicio

   de habitación.

4. Cuando tú _____ (ver) al gerente, dile que necesitamos la llave.

5. Todos los días llamo a mis padres en cuanto _____ (llegar) al hotel.

6. Dudo que ellos _____ (servir) comida a esta hora. Creo que el restaurante ya

_____ (estar) cerrado.

7. Yo te voy a dar el número de teléfono del hotel para que tú nos _____ (llamar).

8. Cuando nosotros _____ (ir) a Asunción, siempre nos hospedamos en ese hotel.

9. No podemos desocupar el cuarto antes de que los niños _____ (despertarse).

10. Siempre cenamos tan pronto como _____ (llegar) al hotel.

E. **Los recién casados** Sara and Pablo are newlyweds, travelling in Asunción, and they always ask each other what they should do. Play the part of Sara or Pablo by answering each of the following questions. Use the first person plural command and the cues provided. Substitute direct object pronouns for the direct object where possible.

MODELO: —¿Qué comemos? (biftec)

—*Comamos biftec.*

1. ¿Por cuánto tiempo nos quedamos en México? (dos semanas)

_____

2. ¿En qué hotel nos hospedamos? (en el hotel guaramí)

_____

3. ¿Con quién hablamos? (con el dueño)

_____

4. ¿Comemos en el cuarto o en el restaurante? (en el cuarto)

_____

5. ¿A quién le pedimos la llave? (al gerente)

_____

6. ¿Dónde dejamos las joyas? (en la caja de seguridad)

_____

7. ¿A qué hora nos acostamos esta noche? (temprano)

_____

8. ¿A qué hora nos levantamos mañana? (tarde)

_____

9. ¿Adónde vamos? (a la tienda)

_____

10. ¿Qué compramos?   (ropa)

_____

F. **¿Qué me preguntaste?** Write the questions that elicited the following answers.

1. _____

   El guaraní es un idioma que hablan en Paraguay.

2. _____

   El número de teléfono del hotel es 87-94-63.

3. _____

   Calle Estrella, número 234.

4. _____

   La *chipa* es un tipo de pan que se come en Paraguay.

G. **Crucigrama**

HORIZONTAL

 1. libre

 4. En México la llaman "regadera".

 6. Ponen las joyas en la caja de _____.

 9. cuarto donde se come

11. cuarto

13. Piensa _____ en ese hotel.

14. Quiero un cuarto con _____ al mar.

15. Lo que vemos en el cine.

16. La casa es de él; él es el _____.

18. Los cuartos tienen aire _____.

20. las doce del día

21. La usamos cuando hace frío.

22. Se usa para bañarse.

23. En esa calle hay un _____ de revistas.

24. ascensor

VERTICAL

 2. opuesto de **público**

 3. La necesito para abrir la puerta.

 5. opuesto de **frío**

 7. La licencia para manejar es una _____.

 8. Tengo muchas rosas en mi _____.

10. en cuanto: tan pronto _____

12. ¿Cuánto _____ van a estar aquí?

16. comida de la mañana.

17. opuesto de **libre** (*f.*)

18. comida del mediodía

19. ¿A qué hora debo _____ el cuarto?

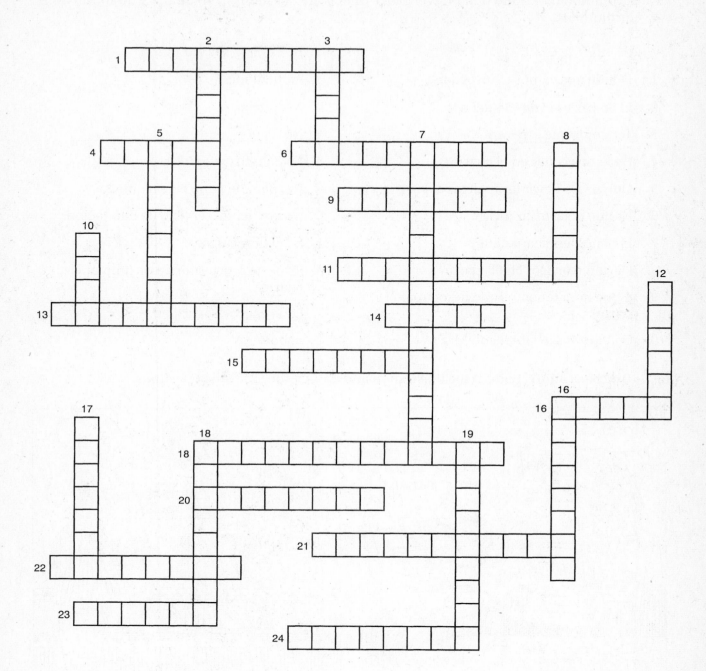

H. Conversaciones breves Two friends are travelling together. They are talking about hotel accommodations and other travel plans. Match the questions in column A with the answers in column B.

A

1. ¿Dónde nos vamos a hospedar?

2. ¿El Sr. Paz es el dueño del hotel?

3. ¿Tenemos que esperar?

4. ¿Podemos cenar en el cuarto?

5. ¿Quién va a llevar las maletas al cuarto?

6. ¿Dónde dejaste las joyas?

7. ¿El baño tiene bañadera?

8. ¿Hay un televisor en el cuarto?

9. ¿A qué hora tenemos que desocupar el cuarto?

10. ¿Cuándo vas a hablar con Mario?

B

a. Al mediodía.

b. No, ducha.

c. No, es el gerente.

d. En cuanto lo vea.

e. No, pero hay uno en el comedor.

f. No, no tienen servicio de habitación.

g. En el hotel Alcázar.

h. Sí, hasta que terminen de limpiar el cuarto.

i. En la caja de seguridad.

j. El botones.

I. ¿Qué pasa aquí? Look at the illustration and answer the following questions.

1. ¿Adónde va Héctor para comprar el pasaje?

_____

2. ¿A qué ciudad quiere viajar?

_____

3. ¿Qué día quiere viajar?

_____

4. ¿Quiere un pasaje de ida o de ida y vuelta?

_____

5. ¿Qué asiento reserva?

_____

6. ¿En qué sección reserva el asiento?

_____

7. La excursión que toma Héctor, ¿incluye el hotel?

_____

8. ¿Héctor se hospeda en un hotel o en una pensión?

_____

9. ¿Qué tiene el cuarto? ¿Qué no tiene?

_____

10. ¿Cuánto cobran por noche en el hotel Inca?

_____

11. ¿Cuántas semanas va a estar Héctor en Lima?

_____

12. ¿Héctor tuvo que pagar exceso de equipaje? (¿Por qué sí o por qué no?)

_____

▣ Para leer

Read the following ads, and then answer the questions.

HOTEL FIESTA

Habitaciones con vista al mar, todas con aire acondicionado y baño privado.

Dos personas en una habitación pagan solamente 3.200 pesos. Cada persona adicional paga 1.000 pesos.

El hotel tiene un magnífico restaurante donde se sirve comida mexicana, italiana y francesa.

¡VISÍTENOS EN SUS PRÓXIMAS VACACIONES!

Pensión Rivas

¿No quiere gastar mucho dinero, pero desea estar cerca de la playa?

¡Venga a la Pensión Rivas!

Nuestros cuartos son grandes y cómodos° y sólo cobramos 3.000 pesos por persona. El precio incluye todas las comidas: desayuno, almuerzo y cena.

comfortable

¡Conteste!

1. ¿Cree Ud. que el hotel Fiesta está en la playa? ¿Por qué?

   _____

2. Voy a alquilar una habitación en el hotel Fiesta. ¿Voy a tener calor? ¿Por qué?

   _____

3. ¿Cuánto cobran en el hotel por dos personas?

   _____

4. Voy al hotel con mi esposa y mis dos hijos. ¿Cuánto debo pagar por los niños?

   _____

5. ¿Cuánto vamos a pagar en total?

   _____

6. Me gusta la comida mexicana. ¿Puedo comerla en el hotel Fiesta?

   _____

7. ¿Sirven comida internacional en el hotel?

_____

8. ¿Cuál es más barato, el hotel Fiesta o la pensión Rivas?

_____

9. ¿Cuánto paga una persona en la Pensión Rivas?

_____

10. ¿Cuánto debo pagar extra por las comidas en la Pensión Rivas?

_____

⊡ Para escribir

When writing a narrative of any type, it is important to make your sentences sound natural. Too many short sentences can sound choppy. You can avoid this by linking your ideas to create longer sentences. Some useful linking words are:

y   pero   también   además   porque

You are staying at a hotel in Santiago, Chile. Write a short letter to your parents, telling them about the hotel where you are staying. Tell them about accommodations, prices, and what you like about the hotel, including your room. Tell them how long you plan to stay. Remember what you have learned about letter writing.

_____

_____

_____

_____

_____

_____

_____

_____

_____

_____

_____

Sobre la cultura hispana Refer to the **Notas culturales** section of your textbook to see how much you remember.

1. Paraguay tiene más o menos el tamaño de _____.

   a. Vermont
   b. California

2. Los únicos países que no tienen salida al mar son Paraguay y _____.

   a. Bolivia
   b. Perú

3. Paraguay es el principal exportador de energía eléctrica _____.

   a. de Sudamérica
   b. del mundo

4. El idioma oficial de Paraguay es el español, pero también se habla _____.

   a. quechua
   b. guaraní

5. En España y en muchos países de Latinoamérica se usa el sistema de estrellas para clasificar _____.

   a. los hoteles
   b. los restaurantes

LECCIÓN 14

Workbook Activities

Para practicar

A. ¿Qué pasará? Complete the chart below with verb forms in the future tense.

Infinitive	yo	tú	Ud., él, ella	nosotros(as)	Uds., ellos, ellas
1. ayudar					
2. decir	diré				
3. hacer		harás			
4. querer			querrá		
5. saber				sabremos	
6. poder					podrán
7. salir	saldré				
8. poner		pondrás			
9. venir			vendrá		
10. tener				tendremos	
11. ir					irán

B. De vacaciones Gabriel and Adrián are planning a fabulous vacation. Complete their conversation by giving the future of the verbs in parentheses.

GABRIEL: —En un mes nosotros _____ (tener) vacaciones y _____ (estar)

en Barcelona.

ADRIÁN: —_____ (ser) fabuloso. Yo _____ (poder) ver a mis tíos y tú

_____ (ir) a acampar con tus primos.

GABRIEL: —¿Cuándo _____ (salir) (nosotros) para Barcelona?

ADRIÁN: —Probablemente, el 6 de julio. Yo lo _____ (saber) el próximo sábado.

GABRIEL: —Perfecto, les _____ (decir) a mis primos que preparen las tiendas de

campaña.

ADRIAN: —Mi hermana _____ (venir) a verme mañana y me _____ (traer)

una maleta porque yo sólo tengo una y pienso llevar mucha ropa. Oye, ¿qué

_____ (hacer) tú mañana?

GABRIEL: —Yo _____ (venir) a visitarte para ver a tu hermana.

C. **Nadie está de acuerdo** The following is what Luis plans to do, but nobody agrees with him. Say what everybody else would do instead, using the conditional tense and the cues provided.

1. Luis piensa acampar el próximo sábado. (yo / el domingo)

   _____

2. Luis piensa comprarle una caña de pescar a su papá. (tú /una bolsa de dormir)

   _____

3. Luis piensa bucear. (Ester / hacer surfing)

   _____

4. Luis piensa salir a las ocho. (nosotros / a las diez)

   _____

5. Luis piensa decir que sí. (ellos / que no)

   _____

6. Luis piensa ir de pesca. (Uds. / ir de caza)

   _____

7. Luis piensa venir el domingo. (Ud. / el sábado)

   _____

8. Luis piensa poner la bolsa de dormir en el coche. (Sergio / en la tienda de campaña).

   _____

D. Para completar Complete the following chart with verb forms in the imperfect subjunctive.

Infinitive	yo	tú	Ud., él, ella	nosotros(as)	Uds., ellos, ellas
1. hablar	hablara	hablaras	hablara	habláramos	hablaran
2. cerrar	cerrara				
3. volver			volviera		volvieran
4. pedir		pidieras			pidieran
5. dormir				durmiéramos	
6. ir			fuera		fueran
7. dar				diéramos	
8. estar			estuviera		
9. decir		dijeras			dijeran
10. venir			viniera	viniéramos	
11. querer			quisiera		
12. ser	fuera				fueran
13. tener		tuvieras			
14. conducir			condujera		condujeran
15. poner		pusieras		pusiéramos	
16. hacer					hicieran
17. saber		supieras			

E. ¿Qué dijeron? Here are several statements that people made last year. Keeping in mind that this was in the past, change the verbs to the imperfect subjunctive according to the new beginning.

MODELO: Quiero que vayas conmigo. Quería

Quería que fueras conmigo.

1. Me piden que los invite a mi apartamento.

   Me pidieron _____.

2. Te sugiero que los lleves a acampar.

   Te sugerí _____.

3. No hay nadie que quiera dormir en el cuarto de huéspedes.

   No había nadie _____.

4. Yo no creo que puedas matar dos pájaros de un tiro.

   Yo no creía _____.

5. Ellos dudan que Elsa sepa hacer esquí acuático.

   Ellos dudaban _____.

6. Esperan que no nos mudemos todavía.

   Esperaban _____.

7. Me alegro de que seas mi vecina.

   Me alegré _____.

8. ¿Hay alguien que conozca a los parientes de Eva?

   ¿Había alguien _____?

9. Ellos insisten en que yo venga a visitarlos.

   Ellos insistieron _____.

10. Los llamo para que armen la tienda de campaña.

    Los llamé _____.

F. **Si...** Complete the following to indicate what people will do or would do according to circumstances. Use the present indicative or the imperfect subjunctive as appropriate.

   MODELO: Yo compraría una canoa (tener dinero)

   Yo compraría una canoa si tuviera dinero.

1. Yo iré a visitar a mi bisabuelo (tener tiempo)

   _____

2. Nosotros haríamos una caminata (tener botas)

   _____

3. José pasará un par de días en Barcelona (poder)

   _____

4. Tú no te divertirías (ir a acampar)

   _____

5. Uds. irían de pesca (gustarles las actividades al aire libre)

   _____

6. Yo armaré la tienda de campaña (tú / ayudarme)

   _____

7. Yo iría con Uds. (saber remar)

_____

G. Crucigrama

HORIZONTAL

3. Es la esposa de mi papá, pero no es mi mamá. Es mi _____.

4. El Amazonas es un _____.

6. Me gusta _____ surfing.

7. Necesito un rifle para ir a _____.

8. La madre de mi abuela es mi _____.

10. Voy a armar la tienda de _____.

12. Tengo una caña de _____ nueva.

13. No voy a comprar la casa. La voy a _____.

14. Vamos a escalar _____.

19. Mis tíos y mís primos son mis _____.

20. No vivo en una casa sino en un _____.

23. El Erie es un _____.

25. Vamos de vacaciones el _____ mes.

26. Van a la playa para _____ el sol.

VERTICAL

1. Por _____ que quiero ir con Uds.

2. La fiesta no estuvo divertida sino _____.

3. No me gusta mi casa. Me voy a _____.

5. Yo no sé montar en _____.

6. Van a dormir en el cuarto de _____.

9. Necesitamos la bolsa de _____.

11. El hijo de mi padrastro es mi _____.

15. Ellos practican el esquí _____.

16. Mató dos _____ de un tiro.

17. Vive muy cerca de mi casa. Es mi _____.

18. Es la hija de mi papá, pero no de mi mamá. Es mi _____ hermana.

21. Puse el sofá en la sala de _____.

22. En mi familia _____ cuatro.

24. Estudian _____ si tuvieran examen hoy.

H. **Actividades al aire libre** This conversation was heard at a gymnasium. Complete it by supplying the missing words. Use vocabulary from this lesson.

—Luis, ¿qué vas a hacer este fin de semana?

—Mis primos me _____ a ir a _____ con ellos.

—¿Piensan alquilar una cabaña (*cabin*)?

—No, vamos a llevar tiendas de _____ y _____ de dormir.

—¿Van a ir de _____?

—Sí, tengo una _____ de pescar nueva. Además Julio tiene una _____ y

pensamos remar por el lago.

—¿Cuánto tiempo van a estar allí?

—Sólo un _____ de días, pero pienso _____ una caminata todos los días.

Y tú, ¿qué vas a hacer?

—Voy a ir a la playa para nadar, _____ y hacer surfing.

I. **¿Qué dice aquí?** Read this ad that appeared in a Mexican newspaper, and then answer the questions.

¡Visite Nuestro País!

¿Usted ama los deportes y las actividades al aire libre?
Venga a España, aquí encuentra magníficas oportunidades
para disfrutar de la naturaleza

- Nade en las bellas playas naturales o en las magníficas piscinas de los hoteles de lujo.

- Acampe en el llano o en la montaña.

- Aprenda a montar a caballo.

- Pesque en el mar o en los ríos y los lagos.

- Cace aves y otros animales.

- Juegue al fútbol y al tenis en este país de campeones.

Lección 14, Workbook   **145**

1. ¿Qué deben hacer las personas que aman los deportes y las actividades al aire libre?

   _____

2. ¿Por qué es España el lugar ideal para esas personas?

   _____

3. ¿Cómo son las playas de España?

   _____

4. Además de nadar en las playas, ¿dónde más se puede nadar?

   _____

5. ¿Dónde se puede acampar en este país?

   _____

6. ¿Qué se puede aprender a hacer en España?

   _____

7. ¿En qué lugares se puede pescar? ¿Se puede cazar?

   _____

8. ¿Qué deportes puede Ud. practicar en España?

   _____

▣ Para leer

Read the following letter from Lucía to her friend Amelia, and then answer the questions.

> *Querida Amelia:*
>
> *¡No puedo creerlo! Hace una semana que estoy en Barcelona. Me encantaría que pudiéramos conversar, pero como no podemos hacerlo, te escribo esta carta. Bueno, es como si estuvieras aquí conmigo.*
>
> *Hugo Luis y yo fuimos a Gerona y acampamos cerca del lago. Hemos hecho de todo: montamos en bicicleta, hicimos una caminata, nadamos y, por supuesto, Hugo Luis fue de pesca con sus primos mientras Estela y yo fuimos a la playa a tomar el sol.*
>
> *Si tuviéramos más tiempo nos quedaríamos aquí dos semanas más, pero tenemos que volver porque empezamos a trabajar el 30 de agosto.*
>
> *Te llamaré cuando llegue a casa. Cariños,*
>
> *Lucía*

¡Conteste!

1. ¿Cuánto tiempo hace que Lucía y Hugo Luis están en Barcelona?

   _____

2. ¿Qué le encantaría a Lucía que pudieran hacer ella y Amelia?

   _____

3. ¿Adónde fueron a acampar Hugo Luis y Lucía?

   _____

4. ¿Qué hicieron Hugo Luis y Lucía?

   _____

5. ¿Qué hicieron Hugo Luis y sus primos?

   _____

6. ¿Con quién fue Lucía a la playa? ¿Qué hizo allí?

   _____

7. ¿Qué harían Hugo Luis y Lucía si tuvieran más tiempo?

   _____

8. ¿Cuándo van a empezar a trabajar ellos?

   _____

9. ¿Qué va a hacer Lucía cuando llegue a su casa?

   _____

Para escribir

You and two friends are planning a vacation. Write a plan about the activities
you will have, using the future tense. Start by brainstorming a list of activities.

_____

_____

_____

_____

_____

_____

_____

_____

_____

Sobre la cultura hispana Refer to the **Notas culturales** section of your textbook to see how much you remember.

Conteste estas preguntas.

1. ¿Por qué es famosa Madrid?

   _____

2. ¿Cuál es el centro tradicional de la ciudad?

   _____

3. De los museos de Madrid, ¿cuál es el más famoso?

   _____

4. ¿Hay solamente pinturas de artistas hispanos en el Museo del Prado?

   _____

5. ¿Cuál es la capital de Cataluña?

   _____

6. ¿Cuántos idiomas hablan en Cataluña? ¿Cuáles son?

   _____

7. ¿Cuál es un símbolo de la ciudad de Barcelona?

   _____

8. En las ciudades hispanas, ¿dónde se reúnen, generalmente, los amigos para conversar?

   _____

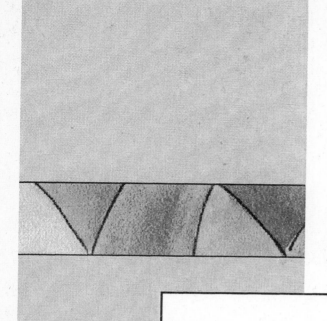

LABORATORY ACTIVITIES

Preliminary Laboratory Activities

Introduction to Spanish Sounds

Each Spanish sound will be explained briefly, and examples will be given for practice.

Pronunciation

Repeat each Spanish word after the speaker, imitating as closely as possible the correct pronunciation.

Vowels

1. **a** in Spanish sounds similar to the English *a* in *father*.

   alta   casa   palma   Ana   cama   Panamá   alma   apagar

2. **e** is pronounced like the English *e* in the word *eight*.

   mes   entre   este   deje   eso   encender   teme   prender

3. **i** has a sound similar to the English *ee* in the word *see*.

   fin   ir   sí   sin   dividir   Trini   difícil

4. **o** is similar to the English *o* in the word *no*, but without the glide.

   toco   como   poco   roto   corto   corro   solo   loco

5. **u** is pronounced like the English *oo* sound in the word *shoot*, or the *ue* sound in the word *Sue*.

   su   Lulú   Úrsula   cultura   un   luna   sucursal   Uruguay

Consonants

1. Spanish **p** is pronounced in a matter similar to the English *p* sound, but without the puff of air that follows after the English sound is produced.

   pesca   pude   puedo   parte   papá
   poste   piña   puente   Paco

2. The Spanish **k** sound, represented by the letters **k; c** before **a, o, u** or a consonant (except **h**); and **qu**, is similar to the English *k* sound, but without the puff of air.

   casa   comer   cuna   clima   acción   que
   quinto   queso   aunque   kiosko   kilómetro

3. Spanish **t** is produced by touching the back of the upper front teeth with the tip of the tongue. It has no puff of air as in the English *t*.

   todo   antes   corto   Guatemala   diente
   resto   tonto   roto   tanque

4. The Spanish consonant **d** has two different sounds depending on its position. At the beginning of an utterance and after **n** or **l**, the tip of the tongue presses the back of the upper front teeth.

día   doma   dice   dolor   dar
anda   Aldo   caldo   el deseo   un domicilio

In all other positions the sound of **d** is similar to the *th* sound in the English word *they*, but softer.

medida   todo   nada   nadie   medio
puedo   moda   queda   nudo

5. The Spanish consonant **g** is similar to the English *g* sound in the word *guy* except before **e** or **i**.

goma   glotón   gallo   gloria   lago   alga
gorrión   garra   guerra   angustia   algo   Dagoberto

6. The Spanish sound **j** (or **g** before **e** and **i**) is similar to a strongly exaggerated English *h* sound.

gemir   juez   jarro   gitano   agente
juego   giro   bajo   gente

7. There is no difference in sound between Spanish **b** and **v**. Both letters are pronounced alike. At the beginning of an utterance or after **m** or **n**, **b** and **v** have a sound identical to the English *b* sound in the word *boy*.

vivir   beber   vamos   barco   enviar
hambre   batea   bueno   vestido

When pronounced between vowels, the Spanish **b** and **v** sound is produced by bringing the lips together but not closing them, so that some air may pass through.

sábado   autobús   yo voy   su barco

8. In most countries, Spanish **ll** and **y** have a sound similar to the English *y* sound in the word *yes*.

el llavero   un yelmo   el yeso   su yunta   llama   yema
oye   trayecto   trayectoria   mayo   milla   bella

When it stands alone or is at the end of a word, Spanish **y** is pronounced like the vowel **i**.

rey   hoy   y   doy   buey   muy   voy   estoy   soy

9. The sound of Spanish **r** is similar to the English *dd* sound in the word *ladder*.

crema   aroma   cara   arena   aro
harina   toro   oro   eres   portero

10. Spanish **rr** and also **r** in an initial position and after **n**, **l**, or **s** are pronounced with a very strong trill. This trill is produced by bringing the tip of the tongue near the alveolar ridge and letting it vibrate freely while the air passes through the mouth.

rama   carro   Israel   cierra   roto
perro   alrededor   rizo   corre   Enrique

11. Spanish **s** is represented in most of the Spanish world by the letters **s**, **z**, and **c** before **e** or **i**. The sound is very similar to the English sibilant *s* in the word *sink*.

sale   sitio   presidente   signo
salsa   seda   suma   vaso
sobrino   ciudad   cima   canción
zapato   zarza   cerveza   centro

12. The letter **h** is silent in Spanish.

hoy   hora   hilo   ahora
humor   huevo   horror   almohada

13. Spanish **ch** is pronounced like the English *ch* in the word *chief*.

hecho   chico   coche   Chile
mucho   muchacho salchicha

14. Spanish **f** is identical in sound to the English *f*.

difícil   feo   fuego   forma
fácil   fecha   foto   fueron

15. Spanish **l** is similar to the English *l* in the word *let*.

dolor   lata   ángel   lago   sueldo
los   pelo   lana   general   fácil

16. Spanish **m** is pronounced like the English *m* in the word *mother*.

mano   moda   mucho   muy
mismo   tampoco   multa   cómoda

17. In most cases, Spanish **n** has a sound similar to the English *n*.

nada   nunca   ninguno   norte
entra   tiene   sienta

The sound of Spanish **n** is often affected by the sounds that occur around it. When it appears before **b**, **v**, or **p**, it is pronounced like an **m**.

tan bueno   toman vino   sin poder
un pobre   comen peras   siguen bebiendo

18. Spanish **ñ** is similar to the English *ny* sound in the word *canyon*.

señor   otoño   ñoño   uña
leña   dueño   niños   años

19. Spanish **x** has two pronunciations depending on its position. Between vowels the sound is similar to English *ks*.

examen   exacto   boxeo   éxito
oxidar   oxígeno   existencia

When it occurs before a consonant, Spanish **x** sounds like *s*.

expresión   explicar   extraer   excusa
expreso   exquisito   extremo

When **x** appears in **México** or in other words of Mexican origin, it is pronounced like the Spanish letter **j**.

Linking

In spoken Spanish, the different words in a phrase or sentence are not pronounced as isolated elements, but are combined together. This is called *linking*.

Pepe come pan.
Tomás toma leche.
Luis tiene la llave.
La mano de Roberto

1. The final consonant of a word is pronounced together with the initial vowel of the following word.

   Carlos_anda
   un_ángel
   el_otoño
   unos_estudios_interesantes

2. A diphthong is formed between the final vowel of a word and the initial vowel of the following word. A triphthong is formed when there is a combination of three vowels.

   su_hermana
   tu_escopeta
   Roberto_y Luis
   negocio_importante
   lluvia_y nieve
   ardua_empresa

3. When the final vowel of a word and the initial vowel of the following word are identical, they are pronounced slightly longer than one vowel.

   Ana_alcanza   lo_olvido   tiene_eso   Ada_atiende

   The same rule applies when two identical vowels appear within a word.

   crees   Teherán   coordinación

4. When the final consonant of a word and the initial consonant of the following word are the same, they are pronounced like one consonant with slightly longer than normal duration.

   el_lado tienes_sed Carlos_salta

LECCIÓN 1

Laboratory Activities

I. Pronunciación

Listen and repeat the following words, paying close attention to the pronunciation of vowels. Remember to keep the vowel sounds short and clear.

sí	chica	cubano
no	muchacho	inglés
de	tiza	simpático
tu	clase	¿cómo?
me	alto	mapa

Now, listen and repeat the following phrases, paying close attention to the vowel sounds.

Mucho gusto.	¿De dónde eres?
El gusto es mío.	Necesito el reloj.
¿Cómo te llamas?	Hasta mañana
	¿Cómo se llama usted?

II. Diálogos: El primer día de clase

The dialogues will be read first without pauses. Pay close attention to the speakers' intonation and pronunciation patterns.

En la Universidad de Puebla, en México.

La profesora Vargas habla con María Inés Vega, una alumna.

MARÍA INÉS —Buenas tardes, señora.

PROFESORA —Buenas tardes, señorita. ¿Cómo se llama usted?

MARÍA INÉS —Me llamo María Inés Vega.

PROFESORA —Mucho gusto, señorita Vega.

MARÍA INÉS —El gusto es mío.

PROFESORA —¿Cuál es su número de teléfono, señorita?

MARÍA INÉS —Cinco - cero - siete - cuatro - dos - nueve - ocho.

PROFESORA —¿Cuál es su dirección?

MARÍA INÉS —Juárez, número diez.

En la clase, María Inés habla con Pedro.

PEDRO —Buenos días. ¿Cómo te llamas?

MARÍA INÉS —Me llamo María Inés Vega. ¿Y tú?

PEDRO —Pedro Morales.

MARÍA INÉS	—¿De dónde eres, Pedro? ¿De México?
PEDRO	—Sí, soy mexicano. ¿Y tú eres norteamericana?
MARÍA INÉS	—No, yo soy cubana. Soy de La Habana.

Daniel habla con Sergio.

SERGIO	—Hola, Daniel. ¿Qué tal?
DANIEL	—Bien, ¿y tú? ¿Qué hay de nuevo?
SERGIO	—No mucho.
DANIEL	—Oye, tu nueva compañera de clase es muy bonita.
SERGIO	—¿Ana? Sí, es una chica bonita, inteligente y muy simpática. Es alta y delgada ...
DANIEL	—¡Caramba! ¡Es perfecta! ¿De dónde es?
SERGIO	—Es de la Ciudad de México. Bueno, me voy.
DANIEL	—Adiós. Saludos a Ana.

El doctor Martínez habla con los estudiantes.

ROBERTO	—Buenas noches, profesor. ¿Cómo está usted?
PROFESOR	—Bien, ¿y usted?
ROBERTO	—Muy bien. Profesor, ¿cómo se dice "de nada" en inglés?
PROFESOR	—Se dice *you're welcome*
MARÍA	—¿Qué quiere decir *I'm sorry*?
PROFESOR	—Quiere decir "lo siento".
MARÍA	—Muchas gracias.
PROFESOR	—De nada. Hasta mañana.
MARÍA	—¿Hay clases mañana, profesor?
PROFESOR	—Sí, señorita.
MARÍA	—Muy bien. Hasta mañana.

Now the dialogues will be read with pauses for you to repeat what you hear. Imitate the speakers' intonation and pronunciation patterns.

III. Preguntas y respuestas

The speaker will ask several questions based on the dialogues. Answer each question, always omitting the subject. The speaker will verify your response. Repeat the correct answer.

1. ¿La profesora Vargas habla con una alumna o con un profesor?
2. ¿La alumna es María Inés Vega o María Inés Ruiz?
3. ¿María Inés habla con Juan o con Pedro?
4. ¿Pedro es norteamericano o es mexicano?
5. ¿María Inés es de México o es de La Habana?
6. ¿Ana es la compañera de clase de Daniel o de Sergio?
7. ¿Ana es de la Ciudad de México o de La Habana?
8. ¿El doctor Martínez habla con los profesores o con los estudiantes?

IV. Puntos para recordar

A. Repeat each noun you hear, adding the appropriate definite article. The speaker will verify your response. Repeat the correct answer. Follow the model.

MODELO: libro / *el libro*

B. Repeat each noun you hear, adding the appropriate indefinite article. The speaker will verify your response. Repeat the correct answer. Follow the model.

MODELO: pluma / *una pluma*

C. The speaker will name a series of people and places. Using the appropriate form of the verb, say where the people are from. The speaker will verify your response. Repeat the correct answer. Follow the model.

MODELO: Ud. / California
Ud. es de California.

D. The speaker will read several sentences, and will provide a cue for each one. Substitute the cue you hear in each sentence, making all necessary changes. The speaker will verify your response. Repeat the correct answer. Follow the model.

MODELO: El hombre es cubano. (mujeres)
Las mujeres son cubanas.

V. Díganos

The speaker will ask you some questions. Answer, using the cues provided and always omitting the subject. The speaker will verify your response. Repeat the correct answer. Follow the model.

MODELO: —¿Miguel es alto?   (sí)
—*Sí, es alto.*

VI. Ejercicios de comprensión

A. You will hear three statements about each picture. Circle the letter of the statement that best corresponds to the picture. The speaker will verify your response.

1.   a b c   2.   a b c   3.   a b c

4.　　　a b c　　　5.　　　a b c

B. You will now hear some statements. Circle **L** if the statement is logical (**lógico**) or **I** if it is illogical (**ilógico**). The speaker will verify your response.

1. L I　　　　　5. L I

2. L I　　　　　6. L I

3. L I　　　　　7. L I

4. L I　　　　　8. L I

C. Listen carefully to the dialogue, and then answer the questions, omitting the subjects. The speaker will confirm your response. Repeat the correct response.

Listen to the dialogue.

Now answer the speaker's questions:

1. ¿La Srta. Méndez es de Cuba o de México?

2. ¿El Sr. Vigo es de Cuba o de Chile?

3. ¿La profesora Torres es norteamericana o cubana?

4. ¿La profesora Torres es bonita o simpática?

5. ¿La profesora Torres es inteligente o no?

VII. Para escuchar y escribir

A. The speaker will dictate ten numbers. Each number will be repeated twice. Write them, using numerals rather than words.

1. _____　　6. _____

2. _____　　7. _____

3. _____　　8. _____

4. _____　　9. _____

5. _____　　10. _____

Name _____ Section _____ Date _____ 159

B. The speaker will read five sentences. Each sentence will be read twice. After the first reading, write what you have heard. After the second reading, check your work and fill in what you have missed.

1. _____

2. _____

3. _____

4. _____

5. _____

LECCIÓN 2

Laboratory Activities

I. Pronunciación

Listen and repeat the following sentences, paying attention to linking.

1. Termina en agosto.
2. Este semestre estudio historia.
3. Deseo una botella de agua.
4. Aquí está el libro.
5. Felipe y Ana hablan inglés.
6. Necesitamos su horario.

II. Diálogos: ¿Qué clases tomamos?

The dialogues will be read first without pauses. Pay close attention to the speakers' intonation and pronunciation patterns.

Cuatro estudiantes de Latinoamérica hablan de sus clases en la Universidad de California en Los Ángeles. Pedro, un muchacho argentino, habla con su amigo Jorge, un chico de Colombia.

PEDRO   —¿Qué asignaturas tomas este semestre, Jorge?

JORGE   —Tomo matemáticas, inglés, historia y química. ¿Y tú?

PEDRO   —Yo estudio biología, física, literatura y también español.

JORGE   —¿Es difícil tu clase de física?

PEDRO   —No, todas mis clases son fáciles.

JORGE   —¿Tú trabajas en la cafetería?

PEDRO   —No, trabajo en el laboratorio de lenguas.

JORGE   —¿Y Adela? ¿Dónde trabaja ella?

PEDRO   —Ella y Susana trabajan en la biblioteca.

JORGE   —¿Cuántas horas trabajan?

PEDRO   —Tres horas al día. Los lunes, miércoles y viernes.

JORGE   —¿Trabajan en el verano?

PEDRO   —No, en junio, julio y agosto no trabajan.

Elsa y Dora conversan en la cafetería. Elsa es rubia, de ojos azules y Dora es morena, de ojos verdes.

ELSA —¿Qué deseas tomar?

DORA —Una taza de café. ¿Y tú?

ELSA —Un vaso de leche.

DORA —Oye, necesito mi horario de clases.

ELSA —Aquí está. ¿Cuántas clases tomas este semestre?

DORA —Cuatro. A ver... ¿A qué hora es la clase de historia? ¿En qué aula es?

ELSA —Es a las nueve, en el aula número 78.

DORA —¿Qué hora es?

ELSA —Son las ocho y media.

DORA —¡Caramba! Me voy.

ELSA —¿Por qué?

DORA —Porque ya es tarde.

ELSA —¿A qué hora terminas hoy?

DORA —Termino a la una. Ah, ¿con quién estudias hoy?

ELSA —Con Eva, mi compañera de cuarto.

Now the dialogues will be read with pauses for you to repeat what you hear. Imitate the speakers' intonation patterns.

III. Preguntas y respuestas

The speaker will ask several questions based on the dialogues. Answer each question, always omitting the subject. The speaker will verify your response. Repeat the correct answer.

1. ¿Pedro habla con Jorge o con Elsa?

2. ¿Jorge toma química o física?

3. ¿Pedro toma literatura o historia?

4. ¿Pedro trabaja en la cafetería o en el laboratorio de lenguas?

5. ¿Adela y Susana trabajan en la cafetería o en la biblioteca?

6. ¿Trabajan ocho horas o tres horas al día?

7. ¿Susana y Adela trabajan o no trabajan en el verano?

8. ¿Elsa es rubia o morena?

9. ¿Elsa desea tomar café o leche?

10. ¿La clase de historia es a las nueve o a las diez?

11. ¿Dora termina a las doce o a la una?

12. ¿Elsa estudia con Eva o con Dora?

IV. Puntos para recordar

A. The speaker will ask several questions. Answer each one, always choosing the first possibility. The speaker will verify your response. Repeat the correct answer. Follow the model.

MODELO: —¿Ud. habla inglés o español?
—*Hablo inglés.*

B. Answer each question you hear, using the cue provided. Pay special attention to the use of interrogative words. The speaker will verify your response. Repeat the correct answer. Follow the model.

MODELO: —¿Dónde trabajas? (en el laboratorio de lenguas)
—*Trabajo en el laboratorio de lenguas.*

C. Answer each question you hear in the negative, always omitting the subject. The speaker will verify your response. Repeat the correct answer. Follow the model.

MODELO: —¿Elsa trabaja por la mañana?
—*No, no trabaja por la mañana.*

D. Answer each question you hear, using the cue provided. The speaker will verify your response. Repeat the correct answer. Follow the model.

MODELO: —¿De dónde es tu profesora? (Honduras)
—*Mi profesora es de Honduras.*

E. Repeat each word you hear, adding the appropriate definite article. The speaker will verify your response. Repeat the correct answer. Follow the model.

MODELO: —universidad
—*la universidad*

F. You will hear several questions. The person asking these questions is always a day ahead. Respond saying the correct day. The speaker will verify your response. Repeat the correct answer. Follow the model.

MODELO: —¿Hoy es lunes?
—*No, hoy es domingo.*

G. The speaker will name a month. State the season in which the month falls. The speaker will verify your response. Repeat the correct answer. Follow the model.

MODELO: —diciembre
—*el invierno*

H. The speaker will name a day of the year. Say its date. The speaker will verify your response. Repeat the correct answer. Follow the model.

MODELO: —Veterans' Day
—*el once de noviembre*

V. Díganos

The speaker will ask you some questions. Answer them, always omitting the subject and using the cues provided. The speaker will verify your response. Repeat the correct answer. Follow the model.

> MODELO: —¿Estudia Ud. por la mañana? (por la tarde)
> —*No, estudio por la tarde.*

VI. Ejercicios de comprensión

A. You will hear three statements about each picture. Circle the letter of the statement that best corresponds to the picture. The speaker will verify your response.

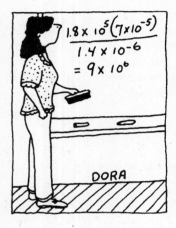

1.   a   b   c   2.   a   b   c   3.   a   b   c

4.   a   b   c   5.   a   b   c

B. You will now hear some statements. Circle **L** if the statement is logical (**lógico**) or **I** if it is illogical (**ilógico**). The speaker will verify your response.

1. L I   5. L I
2. L I   6. L I
3. L I   7. L I
4. L I   8. L I
5. L I   10. L I

C. Listen carefully to the dialogue, and then answer the questions, omitting the subjects. The speaker will confirm your response. Repeat the correct response.

Listen to the dialogue.

Now answer the speaker's questions:

1. ¿Alicia desea tomar café o jugo de naranja?

2. ¿Alicia trabaja o no trabaja los viernes?

3. ¿Alicia toma química con el Dr. Parra o con la Dra. Molina?

4. Para Alicia, ¿la química es fácil o difícil?

5. ¿Pablo toma historia o literatura?

6. ¿ Son las diez y media o las once y media?

VII. Para escuchar y escribir

A. The speaker will dictate 12 numbers. Each number will be repeated twice. Write them, using numerals rather than words.

1. _____   5. _____   9. _____

2. _____   6. _____   10. _____

3. _____   7. _____   11. _____

4. _____   8. _____   12. _____

B. The speaker will read five sentences. Each sentence will be read twice. After the first reading, write what you have heard. After the second reading, check your work and fill in what you have missed.

1. _____

2. _____

3. _____

4. _____

5. _____

LECCIÓN 3

Laboratory Activities

I. Pronunciación

Listen and repeat the following words, paying close attention to the pronunciation of **b** and **v**. Begin.

béisbol	llevar	vivir
vinagre	basura	bueno
abuelo	venir	lavadora
lavar	escoba	Benavente

Now listen and repeat the following sentences, paying close attention to the pronunciation of **b** and **v**.

1. La nueva biblioteca es buena.

2. Víctor y Beatriz beben una botella de vino blanco.

3. Roberto Vera vive bien en Nevada.

4. Los jueves y los viernes, Beto y yo navegamos la red.

5. Verónica Barrios viene el sábado veintinueve.

II. Diálogos: Un día muy ocupado

The dialogues will be read first without pauses. Pay close attention to the speakers' intonation and pronunciation patterns.

Luis y Olga Rojas son cubanos, pero ahora viven en Miami con sus hijos Alina y Luisito. Alina tiene 14 años y Luisito tiene 16. Los padres de Luis vienen a pasar este fin de semana con ellos, y hoy es un día muy ocupado porque tienen muchas cosas que hacer: limpiar la casa, preparar la comida, lavar la ropa, cortar el césped...

LUIS —Alina, tienes que barrer la cocina, limpiar el baño y pasar la aspiradora.

ALINA —Ahora no, porque tengo que llevar la ropa a la tintorería. (*A Luisito*) ¿De dónde vienes?

LUISITO —Vengo de la casa de Oscar. Mamá, tengo hambre. ¿Qué hay para comer?

OLGA —En el refrigerador hay congrí.

LUIS —No, eso es para esta noche. ¿Por qué no comes un sándwich?

ALINA —Bueno... pero primero debes sacar la basura y barrer el garaje. Aquí esta la escoba.

LUISITO —(*Abre la ventana.*) Tengo calor. ¿Hay limonada? Tengo sed.

ALINA	—¿Por qué no bebes agua?
LUIS	—¡Luisito! El garaje.
LUISITO	—Ya voy, pero no es justo.

Mientras Olga plancha las camisas de Luisito, Luis sacude los muebles del dormitorio y de la sala y después lava los platos.

Por la noche

OLGA	—¿A qué hora vienen tus padres?
LUIS	—A las siete. Llegan dentro de media hora.
OLGA	—Tengo que poner la mesa. Luisito, dame esos platos.
LUIS	—¿Preparo la ensalada? Luisito, dame el aceite y el vinagre.
LUISITO	—Un momento... ¿A qué hora es el juego de béisbol?
OLGA	—A las siete, pero a esa hora llegan tus abuelos.

Al rato tocan a la puerta y Alina corre a abrir.

Now the dialogues will be read with pauses for you to repeat what you hear. Imitate the speakers' intonation and pronunciation patterns.

III. Preguntas y respuestas

The speaker will ask several questions based on the dialogues. Answer each question, always omitting the subject. The speaker will verify your response. Repeat the correct answer.

1. ¿Luis y Olga Rojas tienen cinco hijos o dos hijos?
2. ¿Hoy vienen los padres de Luis o los padres de Olga?
3. ¿Alina tiene que barrer la cocina o cortar el césped?
4. ¿Luisito viene de la casa de Jorge o de la casa de Oscar?
5. ¿Luisito tiene hambre o tiene sueño?
6. ¿Luisito debe pasar la aspiradora o sacar la basura?
7. ¿Luisito necesita la tostadora o la escoba?
8. ¿Luisito desea beber limonada o agua?
9. ¿Luisito tiene calor o tiene frío?
10. ¿Olga plancha las camisas o sacude los muebles?
11. ¿Los padres de Luis vienen a las ocho o a las siete?
12. ¿Luis necesita el aceite y el vinagre o los platos?

IV. Puntos para recordar

A. The speaker will ask several questions. Answer each one, using the cue provided. The speaker will verify your response. Repeat the correct answer. Follow the model.

MODELO: —Qué bebes tú? (café)
—*Bebo café.*

B. The speaker will name a series of objects and their owners. Using the verb **ser,** say to whom the items belong. The speaker will verify your response. Repeat the correct answer. Follow the model.

MODELO: la plancha / Elena
Es la plancha de Elena.

C. The speaker will read some sentences. Change each sentence according to the new subject. The speaker will verify your response. Repeat the correct answer. Follow the model.

MODELO: Ella viene a las ocho. (Uds.)
Uds. vienen a las ocho.

D. Say what the people mentioned have to do. The speaker will verify your response. Repeat the correct answer. Follow the model.

MODELO: Rosa / abrir la puerta
Rosa tiene que abrir la puerta.

E. Use expressions with tener to say how the people described in each statement feel, according to the situation. The speaker will verify your response. Repeat the correct answer. Follow the model.

MODELO: I am in Alaska in January.
Yo tengo mucho frío.

F. The speaker will give you demonstrative adjectives and nouns. Change the demonstrative adjective with each new noun. The speaker will verify your response. Repeat the correct answer. Follow the model.

MODELO: este hombre (mujer)
esta mujer

V. Díganos

The speaker will ask you some questions. Answer them, using the cues provided. The speaker will verify your response. Repeat the correct answer. Follow the model.

MODELO: —¿Usted vive en Miami? (no)
—*No, no vivo en Miami.*

VI. Ejercicios de comprensión

A. You will hear three statements about each picture. Circle the letter of the statement that best corresponds to the picture. The speaker will verify your response.

1.   a b c   2.   a b c   3.   a b c

4.   a b c   5.   a b c

B. You will now hear some statements. Circle **L** if the statement is logical (**lógico**) or **I** if the statement is illogical (**ilógico**). The speaker will verify your response.

1. L I   5. L I
2. L I   6. L I
3. L I   7. L I
4. L I   8. L I
5. L I   10. L I

C. Listen carefully to the dialogue and then answer the questions, omitting the subjects. The speaker will confirm your response. Repeat the correct answer.

Listen to the dialogue.

Now answer the speakers questions.

1. ¿Víctor tiene hambre o tiene miedo?

2. En el refrigerador, ¿hay congrí o hay una ensalada?

3. ¿Víctor desea comer ensalada o un sándwich?

4. ¿Víctor necesita planchar su camisa azul o su camisa blanca?

5. ¿Víctor tiene que cortar el césped o lavar los platos?

6. ¿Tiene que barrer la cocina o pasar la aspiradora?

7. ¿Víctor tiene frío o tiene calor?

8. ¿Víctor desea beber limonada o cerveza?

VII. Para escuchar y escribir

A. The speaker will dictate twelve numbers. Each number will be repeated twice. Write them, using numerals rather than words.

1. _____   5. _____   9. _____

2. _____   6. _____   10. _____

3. _____   7. _____   11. _____

4. _____   8. _____   12. _____

B. The speaker will read five sentences. Each sentence will be read twice. After the first reading, write what you have heard. After the second reading, check your work and fill in what you have missed.

1. _____

2. _____

3. _____

4. _____

5. _____

LECCIÓN 4

Laboratory Activities

I. Pronunciación

Listen and repeat the following words, paying close attention to the pronunciation of the consonant **c**.

club	camarero	concierto	cine
café	cansado	conocer	información
capital	cuñado	cerca	decidir

Now listen and repeat the following sentences, paying close attention to the pronunciation of the consonant c.

1. Clara conversa con Claudia.

2. La camarera come en el café.

3. César va al cine y al club.

4. Graciela come a las cinco.

5. Necesitamos una identificación.

II. Diálogos: Actividades para un fin de semana

The dialogues will be read first without pauses. Pay close attention to the speakers' intonation and pronunciation patterns.

Lupe y su esposo Raúl planean varias actividades para el fin de semana. La pareja vive en San Juan, la capital de Puerto Pico

LUPE —Esta noche estamos invitados a ir al teatro con tu mamá y con tus tíos.

RAÚL —¿Por qué no llevamos también a mi hermana?

LUPE —No, hoy ella va al cine con su novio y después van a visitar a doña Ana.

RAÚL —Ah, sí... la madrina de Héctor. Ah, mañana vienen tus padres a comer, ¿no?

LUPE —Sí, y después vamos todos al club a jugar al tenis.

RAÚL —No me gusta jugar al tenis. ¿Por qué no vamos a nadar?

LUPE —Pero yo no sé nadar bien...

RAÚL —Tienes que aprender, Lupita.

LUPE —Es verdad... Bueno, vamos a la piscina y por la noche vamos al concierto.

RAÚL —Perfecto. Oye, tengo mucha hambre. ¿Hay algo para comer?

LUPE —Sí, tenemos queso, frutas y esos sándwiches de jamón que están en la mesa.

Al día siguiente, Carmen, la hermana de Raúl, está en un café al aire libre con su novio.

CARMEN —¿Qué hacemos esta tarde? ¿Adónde vamos... ? ¿Vamos a patinar?

HÉCTOR —No sé... Estoy cansado y tengo ganas de ver el juego de béisbol.

CARMEN —Bueno, vamos al estadio y por la noche vamos al club.

HÉCTOR —No, mi jefe da una fiesta esta noche y estamos invitados.

CARMEN —¡Ay, Héctor! Yo no conozco a tu jefe. Además, vive muy lejos.

HÉCTOR —¡Yo conduzco! ¿Por qué no vamos a la fiesta un rato y después vamos al club a bailar?

CARMEN —¡Buena idea! Oye, ¿comemos algo?

HÉCTOR —Sí, voy a llamar al camarero. ¿Qué vas a comer?

CARMEN —Un sándwich de jamón y queso. ¿Y tú?

HÉCTOR —Yo voy a comer una tortilla. En este café hacen unas tortillas muy buenas.

CARMEN —Oye, ¿tomamos un refresco?

HÉCTOR —Sí, una Coca Cola.

Now the dialogues will be read with pauses for you to repeat what you hear. Imitate the speakers' intonation patterns.

III. Preguntas y respuestas

The speaker will ask several questions based on the dialogues. Answer each question, omitting the subject whenever possible. The speaker will verify your response. Repeat the correct answer.

1. ¿Lupe y Raúl planean actividades para el verano o para el fin de semana?
2. ¿La pareja vive en Puerto Rico o en Miami?
3. ¿Planean ir al teatro por la tarde o por la noche?
4. ¿Mañana vienen a comer los padres de Lupe o los padres de Raúl?
5. ¿Lupe tiene que aprender a nadar bien o a jugar al tenis?
6. ¿Raúl desea comer o tomar algo?
7. ¿Carmen es la hermana o la tía de Raúl?
8. ¿Héctor tiene ganas de ver el juego de béisbol o de patinar?
9. ¿Quién da una fiesta, el jefe de Héctor o la novia de Héctor?
10. Después de la fiesta, ¿van al club o al cine?
11. ¿Carmen come un sándwich de jamón o de jamón y queso?
12. ¿Carmen y Héctor toman un refresco o toman leche?

IV. Puntos para recordar

A. The speaker will ask several questions. Answer each one, using the cue provided. The speaker will verify your response. Repeat the correct answer. Follow the model.

MODELO: —¿A qué hora sales de tu casa? (a las siete)
—*Salgo de mi casa a las siete.*

B. The speaker will give you some cues. Use them to say what or whom the people mentioned know or what they know how to do, using **saber** or **conocer**. The speaker will verify your response Repeat the correct answer. Follow the model.

MODELO: Yo / al novio de Alina
          Yo conozco al novio de Alina.

C. Answer each question you hear in the negative, using the cues provided and the personal **a** as needed. The speaker will confirm your response. Repeat the correct answer. Follow the model.

MODELO: —¿Llamas a Rosa?   (Marta)
          —*No, llamo a Marta.*

D. The speaker will ask several questions. Answer each one, using the cue provided. The speaker will verify your response. Repeat the correct answer. Follow the model.

MODELO: —¿De quién es el libro?   (el profesor)
          —*Es del profesor.*

E. The speaker will give you some cues. Use them to say where the people mentioned are, how they are, what they give, or where they go. The speaker will verify your response. Repeat the correct answer. Follow the model.

MODELO: Jorge / al cine
          Jorge va al cine.

F. The speaker will ask several questions. Answer each one, using the cue provided. The speaker will verify your response. Repeat the correct answer. Follow the model.

MODELO: —¿Con quién vas a bailar?   (Daniel)
          —*Voy a bailar con Daniel.*

V. Díganos

The speaker will ask you some questions. Answer them, using the cues provided. The speaker will verify your response. Repeat the correct answer. Follow the model.

MODELO: —¿Qué planea Ud. para el fin de semana?   (varias actividades)
          —*Planeo varias actividades para el fin de semana.*

VI. Ejercicios de comprensión

A. You will hear three statements about each picture. Circle the letter of the statement that best corresponds to the picture. The speaker will verify your response.

1. a b c   2. a b c   3. a b c

4. a b c   5. a b c   6. a b c

B. You will now hear some statements. Circle **L** if the statement is logical (**lógico**) or **I** if the statement is illogical (**ilógico**). The speaker will verify your response.

1. L I   5. L I
2. L I   6. L I
3. L I   7. L I
4. L I   8. L I
5. L I   10. L I

C. Listen carefully to the dialogue, and then answer the questions, omitting the subjects. The speaker will confirm your response. Repeat the correct response. Listen to the dialogue.

Listen to the dialogue.

Now answer the speaker's questions:

1. ¿Jorge va a visitar a su madrina hoy o el domingo?

2. ¿Jorge está ocupado o está cansado?

3. ¿Hoy Jorge tiene que estudiar o tiene que trabajar?

4. ¿Mary está invitada a un concierto o a una fiesta?

5. ¿Jorge está invitado o no está invitado?

6. ¿Mary desea ir a patinar o a jugar al tenis?

7. ¿Jorge va a estar en casa de Mary a las siete o a las ocho?

VII. Para escuchar y escribir

The speaker will read five sentences. Each sentence will be read twice. After the first reading, write what you have heard. After the second reading, check your work and fill in what you have missed.

1. _____

_____

2. _____

_____

3. _____

_____

4. _____

_____

5. _____

_____

LECCIÓN 5

Laboratory Activities

I. Pronunciación

Listen and repeat the following words, paying close attention to the pronunciation of the consonants **g, j,** and **h.**

grupo	geografía	joven	hermoso
llegar	general	mejor	hermana
seguro	ojo	juego	hambre
grande	bajo	ahora	

Now listen and repeat the following sentences, paying close attention to the pronunciation of the consonants **g, j,** and **h.**

1. Gerardo y Gustavo Herrera son bajos.
2. Julia González es joven y hermosa.
3. Mi hermano Héctor es muy generoso.
4. Jorge y yo no hablamos hasta el jueves.
5. El grupo de Jamaica llega ahora.

II. Diálogos: Una fiesta de bienvenida

The dialogues will be read first without pauses. Pay close attention to the speakers' intonation and pronunciation patterns.

Eva, la hermana menor de Luis, llega hoy a Caracas, la capital de Venezuela, y él y sus amigos dan una fiesta para ella. Luis llama por teléfono a su amiga Estela.

LUIS —Hola, ¿Estela? Habla Luis.

ESTELA —Hola, ¿qué tal, Luis?

LUIS —Bien. Oye, vamos a dar una fiesta de bienvenida para Eva. ¿Quieres venir? Es en la casa de mi primo Jorge.

ESTELA —Sí, cómo no. ¿Cuándo es?

LUIS —El próximo sábado. Empieza a las ocho de la noche.

ESTELA —Gracias por la invitación. ¿Juan y Olga van también?

LUIS —No estoy seguro, pero creo que piensan ir si no están ocupados.

ESTELA —¿Andrés va a llevar sus discos compactos y sus cintas?

LUIS —Sí, pero el estéreo de Jorge no es muy bueno.

ESTELA —Si quieres, llevo mi estéreo. Es mejor que el de Uds.

LUIS —¡Magnífico! Hasta el sábado, entonces.

En la fiesta Pablo y Estela están conversando. Pablo es joven, moreno, guapo y mucho más alto que Estela. Ella es una muchacha bonita, de pelo negro y ojos castaños, delgada y de estatura mediana. Ahora están hablando de Sandra.

ESTELA —Pablo, tienes que conocer a Sandra, mi compañera de cuarto. Es una chica norteamericana que está estudiando español aquí.

PABLO —¿Cómo es? ¿Alta... baja...? ¿Es tan hermosa como tú?

ESTELA —¡Es muy linda! Es pelirroja, de ojos verdes. ¡Y es muy simpática!

PABLO —Pero, ¿es inteligente? Y, lo más importante... ¿tiene dinero?

ESTELA —Sí, es rica; y es la más inteligente del grupo. Habla italiano y francés...

PABLO —Es perfecta para mí. ¿Está aquí?

ESTELA —No, está en casa porque está enferma.

PABLO —¡Qué lástima! ¡Oye! Están sirviendo las bebidas. ¿Quieres ponche?

ESTELA —No, prefiero un refresco, pero primero quiero bailar contigo.

PABLO —Bueno, vamos a bailar. Están tocando una salsa.

ESTELA —Sí, y después vamos a comer los entremeses. ¡Están riquísimos!

III. Preguntas y respuestas

The speaker will ask several questions based on the dialogues. Answer each question, always omitting the subject. The speaker will verify your response. Repeat the correct answer.

1. ¿Eva es la hermana o la novia de Luis?

2. ¿Luis da una fiesta para Eva o para Estela?

3. ¿Luis llama por teléfono a Estela o a Eva?

4. ¿La fiesta es el próximo sábado o el próximo viernes?

5. ¿La fiesta empieza a las ocho o a las nueve de la noche?

6. ¿Andrés va a llevar sus discos compactos o su estéreo?

7. ¿Pablo es rubio o moreno?

8. ¿Estela tiene ojos verdes o castaños?

9. ¿Estela es alta o de estatura mediana?

10. ¿Sandra es la hermana o la compañera de cuarto de Estela?

11. ¿Sandra está en la fiesta o está en su casa?

12. ¿Estela prefiere beber ponche o un refresco?

13. ¿Estela quiere bailar con Pablo o con Luis?

14. ¿Están tocando una salsa o un tango?

IV. Puntos para recordar

A. The speaker will provide a subject, an infinitive, and additional items. Use them to describe what the people mentioned are doing now. The speaker will verify your response. Repeat the correct answer. Follow the model.

MODELO: yo / hablar / español
Yo estoy hablando español.

B. Combine the phrases you hear, using the appropriate forms of **ser** or **estar** to form sentences. The speaker will verify your response. Repeat the correct answer. Follow the model.

MODELO: la ciudad / hermosa
La ciudad es hermosa.

C. The speaker will read several sentences, and will provide a verb cue for each one. Substitute the new verb in each sentence, making all necessary changes. The speaker will verify your response. Repeat the correct answer. Follow the model.

MODELO: Nosotros deseamos ir.   (querer)
Nosotros queremos ir.

D. The speaker will ask you some questions. Answer them, using the cues provided. The speaker will verify your response. Repeat the correct answer. Follow the model.

MODELO: ¿Quién es la más inteligente de la clase?   (Elsa)
Elsa es la más inteligente de la clase.

E. The speaker will ask you some questions. Answer them in the negative. The speaker will verify your response. Repeat the correct answer.

MODELO: ¿Vas a la fiesta conmigo?
No, no voy a la fiesta contigo.

V. Díganos

The speaker will ask you some questions. Answer them, using the cues provided. The speaker will verify your response. Repeat the correct answer.

VI. Ejercicios de comprensión

You will hear three statements about each picture. Circle the letter of the statement that best corresponds to the picture. The speaker will verify your response.

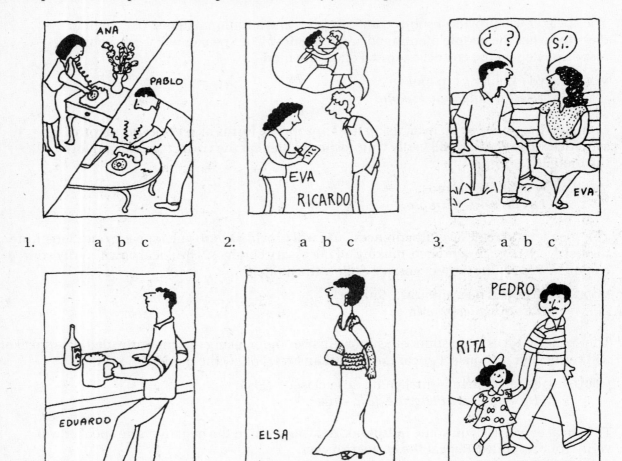

1. a b c   2. a b c   3. a b c

4. a b c   5. a b c   6. a b c

B. You will now hear some statements. Circle L if the statement is logical (**lógico**) or I if the statement is illogical (**ilógico**). The speaker will verify your response.

1. L I   5. L I
2. L I   6. L I
3. L I   7. L I
4. L I   8. L I
5. L I   10. L I

C. Listen carefully to the dialogue, and then answer the questions, omitting the subjects. The speaker will verify your response. Repeat the correct answer.

Listen to the dialogue.

Now answer the speaker's questions.

1. ¿La fiesta es para el primo de Jaime o para el primo de Adrián?

2. ¿La fiesta es el viernes o el sábado?

3. ¿La fiesta es en la casa de Jaime o es en el club Miramar?

4. ¿La fiesta empieza a las ocho o a las nueve?

5. ¿Laura quiere ir a la fiesta con Adrián o con Jaime?

6. ¿Adrián va a la casa de Laura a las siete o a las siete y media?

7. ¿El primo de Jaime es alto o bajo?

VII. Para escuchar y escribir

The speaker will read five sentences. Each sentence will be read twice. After the first reading, write what you have heard. After the second reading, check your work and fill in what you have missed.

1. _____

2. _____

3. _____

4. _____

5. _____

LECCIÓN 6

Laboratory Activities

I. Pronunciación

Listen and repeat the following words, paying close attention to the pronunciation of **ll** and **ñ**.

llevar	estampilla	amarillo	español
allí	ventanilla	mañana	señora
sello	llamar	castaño	otoño

Now listen and repeat the following sentences, paying close attention to the pronunciation of **ll** and **ñ**.

1. Los sellos del señor Peña están allí.

2. La señorita Acuña es de España.

3. La señora va a llamar mañana.

4. El señor Llanos llega en el otoño.

5. Venden estampillas en esa ventanilla.

II. Diálogos: En el banco y en la oficina de correos

The dialogues will be read first without pauses. Pay close attention to the speakers' intonation and pronunciation patterns.

En el Banco de América, en la Ciudad de Panamá.

Son las diez de la mañana y Alicia entra en el banco. No tiene que hacer cola porque no hay mucha gente.

CAJERO —¿En qué puedo servirle, señorita?

ALICIA —Quiero abrir una cuenta de ahorros. ¿Qué interés pagan?

CAJERO —Pagamos el tres por ciento.

ALICIA —¿Puedo usar el cajero automático para sacar mi dinero en cualquier momento?

CAJERO —Sí, pero si saca el dinero, puede perder parte del interés.

ALICIA —Bueno... ahora deseo cobrar este cheque.

CAJERO —¿Cómo quiere el dinero?

ALICIA —Cien balboas en efectivo. Voy a depositar mil en mi cuenta corriente.

CAJERO —Necesito el número de su cuenta.

ALICIA	—Un momento… No encuentro mi talonario de cheques y no recuerdo el número…
CAJERO	—No importa. Yo lo busco en la computadora.
ALICIA	—Ah, ¿dónde consigo cheques de viajero?
CAJERO	—Los venden en la ventanilla número dos.

En otro departamento, Alicia pide información sobre un préstamo.

En la oficina de correos.

Hace 15 minutos que Alicia está en la oficina de correos haciendo cola cuando por fin llega a la ventanilla. Allí compra estampillas y pide información.

ALICIA	—Deseo mandar estas cartas por vía aérea.
EMPLEADO	—¿Quiere mandarlas certificadas?
ALICIA	—Sí, por favor. ¿Cuánto es?
EMPLEADO	—Diez balboas, señorita.
ALICIA	—También necesito estampillas para tres tarjetas postales.
EMPLEADO	—Aquí las tiene.
ALICIA	—Gracias. ¿Cuánto cuesta enviar un giro postal a México?
EMPLEADO	—Veinte balboas. ¿Algo más, señorita?
ALICIA	—Nada más, gracias.

Alicia sale de la oficina de correos, toma un taxi y vuelve a su casa.

Now the dialogues will be read with pauses for you to repeat what you hear. Imitate the speakers' intonation patterns.

III. Preguntas y respuestas

The speaker will ask several questions based on the dialogues. Answer each question, always omitting the subject. The speaker will verify your response. Repeat the correct answer.

1. ¿Alicia quiere abrir una cuenta corriente o una cuenta de ahorros?
2. ¿Alicia quiere el dinero en un cheque o en efectivo?
3. ¿El cajero puede buscar el número de la cuenta o el talonario de cheques?
4. ¿Alicia pide información sobre un préstamo o sobre una cuenta corriente?
5. ¿Alicia está bailando o está haciendo cola?
6. ¿Alicia compra estampillas en la oficina de correos o en el banco?
7. ¿Alicia desea mandar las cartas por taxi o por vía aérea?
8. ¿Alicia manda una tarjeta postal o tres?
9. ¿Alicia quiere mandar un giro postal a México o a Guatemala?
10. ¿Alicia vuelve a casa o va a la biblioteca?

IV. Puntos para recordar

A. The speaker will ask several questions. Answer each one, using the cue provided. The speaker will verify your response. Repeat the correct answer. Follow the model.

MODELO: —¿Recuerdas el número de tu cuenta?   (no)
—No, no recuerdo el número de mi cuenta.

B. The speaker will ask several questions. Answer each one, using the cue provided. The speaker will verify your response. Repeat the correct answer. Follow the model.

MODELO: —¿Qué sirven Uds. por la mañana?   (café)
—Servimos café.

C. Answer each of the following questions in the affirmative, using the appropriate direct object pronoun. The speaker will verify your response. Repeat the correct answer. Follow the model.

MODELO: —¿Necesitas las estampillas?
—Sí, las necesito.

D. Change each of the following sentences to the negative. The speaker will verify your response. Repeat the correct answer. Follow the model.

MODELO: Necesito algo.
***No** necesito **nada**.*

E. Answer each question you hear, using the cue provided. The speaker will verify your response. Repeat the correct answer. Follow the model.

MODELO: —¿Cuánto tiempo hace que Ud. vive aquí?   (diez años)
—Hace diez años que vivo aquí.

V. Díganos

The speaker will ask you some questions. Answer them, always omitting the subject and using the cues provided. The speaker will verify your response. Repeat the correct answer. Follow the model.

MODELO: —¿En qué banco tiene Ud. su dinero?   (Banco de América)
—Tengo mi dinero en el Banco de América.

VI. Ejercicios de comprensión

A. You will hear three statements about each picture. Circle the letter of the statement that best corresponds to the picture. The speaker will verify your response.

1.   a b c   2.   a b c   3.   a b c

4.   a b c   5.   a b c   6.   a b c

B. You will now hear some statements. Circle **L** if the statement is logical (**lógico**) or **I** if the statement is illogical (**ilógico**). The speaker will verify your response.

1. L I   5. L I

2. L I   6. L I

3. L I   7. L I

4. L I   8. L I

5. L I   10. L I

C. Listen carefully to the dialogue, and then answer the questions, omitting the subject. The speaker will confirm your response. Repeat the correct response.

Listen to the dialogue.

Now answer the speaker's questions:

1. ¿Qué quiere hacer la Srta. Díaz?

2. ¿Qué debe hacer primero?

3. ¿Cómo quiere la Srta. Díaz el dinero?

4. ¿Ella tiene el número de su cuenta?

5. ¿Recuerda el número de la cuenta?

6. ¿Qué puede hacer el cajero?

7. ¿Qué necesita saber la Srta. Díaz?

8. ¿Cuánto dinero tiene ella en su cuenta de ahorros?

9. ¿Qué quiere solicitar la Srta. Díaz?

10. ¿Adónde debe ir para solicitar el préstamo?

VII. Para escuchar y escribir

The speaker will read five sentences. Each sentence will be read twice. After the first reading, write what you have heard. After the second reading, check your work and fill in what you have missed.

1. _____

2. _____

3. _____

4. _____

5. _____

LECCIÓN 7
Laboratory Activities

I. Pronunciación

Listen and repeat the following words, paying close attention to the pronunciation of the consonants **l, r,** and **rr.**

chaleco	calzar	cinturón	ahorrar
pantalón	par	ropa	corriente
liquidación	zapatería	rubio	correo
lavarse	vestirse	rico	correr

Now listen and repeat the following sentences, paying close attention to the pronunciation of the consonants **l, r,** and **rr.**

1. Los calcetines son baratos.
2. Julio calza el número cuarenta.
3. La zapatería está a la derecha.
4. Raúl no ahorra mucho dinero.
5. Rita quiere abrir una cuenta corriente.

II. Diálogos: De compras

The dialogues will be read first without pauses. Pay close attention to the speakers' intonation and pronunciation patterns.

Aurora Ibarra es estudiante de ingeniería. Es de Puerto Limón, Costa Rica, pero el año pasado se mudó a San José. Hoy se levantó muy temprano, se bañó, se lavó la cabeza y se preparó para ir de compras.

En la tienda París, que hoy tiene una gran liquidación, Aurora está hablando con la dependienta en el departamento de señoras.

AURORA —Me gusta esa blusa rosada. ¿Cuánto cuesta?

DEPENDIENTA —Siete mil colones. ¿Qué talla usa Ud.?

AURORA —Talla treinta y ocho. ¿Dónde puedo probarme la blusa?

DEPENDIENTA —Hay un probador a la derecha y otro a la izquierda.

AURORA —También voy a probarme este vestido y esa falda.

DEPENDIENTA —¿Necesita un abrigo? Hoy tenemos una gran liquidación de abrigos.

AURORA	—¡Qué lástima! Ayer compré uno... ¿La ropa interior y las pantimedias también están en liquidación?
DEPENDIENTA	—Sí, le damos un veinte por ciento de descuento.

Aurora compró la blusa y la falda, pero decidió no comprar el vestido. Después fue a la zapatería para comprar un par de sandalias y una cartera. Cuando salió de la zapatería fue a hacer varias diligencias y no volvió a su casa hasta muy tarde.

Enrique está en una zapatería porque necesita un par de zapatos y unas botas.

EMPLEADO	—¿Qué número calza Ud.?
ENRIQUE	—Calzo el cuarenta y dos.
EMPLEADO	—(*Le prueba unos zapatos.*) ¿Le gustan?
ENRIQUE	—Sí, me gustan, pero me aprietan un poco; son muy estrechos.
EMPLEADO	—¿Quiere unos más anchos?
ENRIQUE	—Sí, y unas botas del mismo tamaño, por favor.
EMPLEADO	—(*Le trae las botas y los zapatos.*) Estas botas son de muy buena calidad.
ENRIQUE	—(*Se prueba las botas y los zapatos.*) Los zapatos me quedan bien, pero las botas me quedan grandes.

Después de pagar los zapatos, Enrique fue al departamento de caballeros de una tienda muy elegante. Allí compró un traje, un pantalón, una camisa, dos corbatas y un par de calcetines. Después, volvió a su casa, cargado de paquetes.

Enrique	—(*Piensa mientras se viste.*) Fue una suerte encontrar este traje tan elegante y tan barato. Me lo voy a poner para ir a la fiesta de Ana María. Empieza a las nueve, así que no tengo que llegar antes de las diez...

Now the dialogues will be read with pauses for you to repeat what you hear. Imitate the speakers' intonation patterns.

III. Preguntas y respuestas

The speaker will ask several questions based on the dialogues. Answer each question, always omitting the subject. The speaker will verify your response. Repeat the correct answer.

1. ¿Aurora es de Puerto Limón o de San José?

2. ¿Aurora se bañó por la mañana o por la tarde?

3. ¿Aurora usa talla treinta y ocho o talla cuarenta?

4. ¿Hay uno o dos probadores?

5. En la tienda París, ¿dan un treinta o un veinte por ciento de descuento?

6. ¿Aurora compró la falda o el vestido?

7. ¿Aurora fue a la zapatería o a la oficina de correos?

8. ¿Aurora volvió a su casa muy tarde o muy temprano?

9. ¿Enrique calza el treinta y nueve o el cuarenta y dos?

10. ¿Los zapatos son anchos o son estrechos?

11. ¿Enrique compró los zapatos o las botas?

12. ¿Enrique compró dos trajes o dos corbatas?

IV. Puntos para recordar

A. The speaker will make several statements. Change each statement by making the verb preterit. The speaker will verify your response. Repeat the correct answer. Follow the model.

MODELO: Yo trabajo con ellos.
Yo trabajé con ellos.

B. The speaker will ask several questions. Change each question by making the verb preterit. The speaker will verify your response. Repeat the correct answer. Follow the model.

MODELO: ¿Adónde van ellos?
¿Adónde fueron ellos?

C. The speaker will ask several questions. Answer each one, using the cue provided. Pay special attention to the use of indirect object pronouns. The speaker will verify your response. Repeat the correct answer. Follow the model.

MODELO: —¿Tú le escribiste a tu papá?   (sí)
—Sí, le escribí.

D. Answer each question you hear, always choosing the first possibility. The speaker will verify your response. Repeat the correct answer. Follow the model.

MODELO: —¿Te gusta más la corbata roja o la corbata negra?
—Me gusta más la corbata roja.

E. Answer each question you hear, using the cue provided. The speaker will verify your response. Repeat the correct answer. Follow the model.

MODELO: —¿A qué hora te levantas tú?   (a las siete)
—Me levanto a las siete.

V. Díganos

The speaker will ask you some questions. Answer them, using the cues provided. The speaker will verify your response. Repeat the correct answer. Follow the model.

MODELO: —¿A qué hora se despiertan ustedes?   (a las cinco y media)
—Nos despertamos a las cinco y media.

VI. Ejercicios de comprensión

A.   You will hear three statements about each picture. Circle the letter of the statement that best corresponds to the picture. The speaker will verify your response.

1.   a b c

2.   a b c

3.   a b c

4.   a b c

5.   a b c

6.   a b c

7.   a b c

8.   a b c

9.   a b c

B. You will now hear some statements. Circle **L** if the statement is logical (**lógico**) or **I** if the statement is illogical (**ilógico**). The speaker will verify your response.

1. L I   5. L I
2. L I   6. L I
3. L I   7. L I
4. L I   8. L I
5. L I   10. L I

C. Listen to the dialogue carefully and then answer the speaker's questions, omitting the subjects. The speaker will verify your response. Repeat the correct answer.

Listen to the dialogue.

Now answer the speaker's questions:

1. ¿Qué quiere comprarle Marta a su mamá?
2. ¿Qué prefiere comprarle Pablo?
3. ¿Ahora el vestido cuesta más o menos?
4. ¿Qué color no le gusta a la mamá de Marta?
5. ¿Adónde va a ir Pablo?
6. ¿Qué va a comprar?
7. ¿Qué va a hacer Marta?
8. ¿Qué necesita Marta?
9. ¿Marta le va a comprar el camisón a su mamá?
10. ¿Qué le va a comprar?

VII. Para escuchar y escribir

The speaker will read five sentences. Each sentence will be read twice. After the first reading, write what you have heard. After the second reading, check your work and fill in what you have missed.

1. _____
2. _____
3. _____
4. _____
5. _____

LECCIÓN 8

Laboratory Activities

I. Pronunciación

Listen and repeat the following sentences, paying close attention to your pronunciation and intonation.

1. Irene necesita ir a la carnicería.
2. ¿Compraste el periódico hoy?
3. ¿Puedo pagar con tarjeta de crédito?
4. Debes comprar huevos y vegetales.
5. Prefiero el mercado al aire libre.
6. Paco preparó un pastel de manzanas.

II. Diálogos: En el supermercado

The dialogues will be read first without pauses. Pay close attention to the speakers' intonation and pronunciation patterns.

Beto y Sara están comprando comestibles y otras cosas en un supermercado en Lima.

BETO —No necesitamos lechuga ni tomates porque ayer Rosa compró muchos vegetales.

SARA —¿Ella vino al mercado ayer?

BETO —Sí, ayer hizo muchas cosas: limpió el piso, fue a la farmacia...

SARA —Hizo una torta... Oye, necesitamos mantequilla, azúcar y cereal.

BETO —También dijiste que necesitábamos dos docenas de huevos.

SARA —Sí. ¡Ah! ¿Mamá vino ayer?

BETO —Sí, te lo dije anoche. Nos trajo unas revistas y unos periódicos. Ah, ¿tenemos papel higiénico?

SARA —No. También necesitamos lejía, detergente y jabón.

BETO —Bueno, tenemos que apurarnos. Rosa me dijo que sólo podía quedarse con los niños hasta las cinco.

SARA —Pues, generalmente se queda hasta más tarde... Oye, ¿dónde pusiste la tarjeta de crédito?

BETO —Creo que la dejé en casa... ¡No, aquí está!

Cuando Beto y Sara iban para su casa, vieron a Rosa y a los niños, que estaban jugando en el parque. La verdad es que Rosa, más que una criada, es parte de la familia.

Irene y Paco están en un mercado al aire libre.

IRENE —Tú estuviste aquí anteayer. ¿No compraste manzanas?

PACO —Sí, pero se las di a tía Marta. Ella las quería usar para hacer un pastel.

IRENE —Necesitamos manzanas, naranjas, peras, uvas y duraznos para la ensalada de frutas.

PACO —También tenemos que comprar carne y pescado. Vamos ahora a la carnicería y a la pescadería.

IRENE —Y a la panadería para comprar pan. Tu tía no tuvo tiempo de ir ayer.

PACO —Oye, necesitamos zanahorias, papas, cebollas y...

IRENE —¡Y nada más! No tenemos mucho dinero...

PACO —Es verdad... Desgraciadamente gastamos mucho la semana pasada.

IRENE —¿Sabes si tu hermano consiguió el préstamo que pidió?

PACO —Sí, se lo dieron.

IRENE —¡Menos mal!

Now the dialogues will be read with pauses for you to repeat what you hear. Imitate the speakers' intonation patterns.

III. Preguntas y respuestas

The speaker will ask several questions based on the dialogues. Answer each question, always omitting the subject. The speaker will verify your response. Repeat the correct answer.

1. ¿Beto y Sara están en un supermercado o en un mercado al aire libre?

2. ¿Ayer Rosa compró carne o vegetales?

3. ¿Ayer Rosa fue a la zapatería o fue a la farmacia?

4. ¿Sara dijo que necesitaba dos docenas de huevos o cuatro docenas?

5. ¿Rosa sólo podía quedarse con los niños hasta las tres o hasta las cinco?

6. ¿Beto tiene la tarjeta de crédito o la dejó en casa?

7. ¿Paco comió las manzanas o se las dio a su tía?

8. ¿Irene va a hacer una ensalada de lechuga o de frutas?

9. ¿Paco quiere comprar pescado o papel higiénico?

10. ¿Irene fue a la panadería ayer o tiene que ir hoy?

11. ¿Irene y Paco gastaron mucho o poco la semana pasada?

12. ¿El hermano de Paco consiguió el préstamo o no lo consiguió?

IV. Puntos para recordar

A. You will hear several statements in the present tense. Change the verbs in each sentence from the present to the preterit. The speaker will verify your response. Repeat the correct answer. Follow the model.

MODELO: Están allí.
Estuvieron allí.

B. The speaker will ask several questions. Answer each one, using the cue provided and replacing the direct object with the corresponding direct object pronoun. The speaker will verify your response. Repeat the correct answer. Follow the model.

MODELO: —¿Quién **te** trajo **las peras?**   (Teresa)
—**Me las** trajo Teresa.

C. Change each sentence you hear, substituting the new subject given. The speaker will verify your response. Repeat the correct answer. Follow the model.

MODELO: Yo serví la comida.   (Jorge)
Jorge sirvió la comida.

D. Change each of the sentences you hear to the imperfect tense. The speaker will verify your response. Repeat the correct answer. Follow the model.

MODELO: Hablo español.
Hablaba español.

E. Change each adjective you hear to an adverb. The speaker will verify your response. Repeat the correct answer. Follow the model.

MODELO: fácil
fácilmente

V. Díganos

The speaker will ask you some questions. Answer them, always omitting the subject and using the cues provided. The speaker will verify your response. Repeat the correct answer. Follow the model.

MODELO: —¿En qué mercado compra Ud.?   (mercado al aire libre)
—*Compro en un mercado al aire libre.*

Lección 8, Laboratory Manual   **199**

VI. Ejercicios de comprensión

A. You will hear three statements about each picture. Circle the letter of the statement that best corresponds to the picture. The speaker will verify your response.

1.   a b c   2.   a b c   3.   a b c

4.   a b c   5.   a b c   6.   a b c

B. You will now hear some statements. Circle **L** if the statement is logical (**lógico**) or **I** if the statement is illogical (**ilógico**). The speaker will verify your response.

1. L I   5. L I
2. L I   6. L I
3. L I   7. L I
4. L I   8. L I
5. L I   10. L I

C. Listen carefully to the dialogue, and then answer the questions, omitting the subjects. The speaker will confirm your response. Repeat the correct response.

Listen to the dialogue.

Now answer the speaker's questions:

1. ¿Qué dice Antonio que necesitan?
2. ¿Qué trajo la tía de Victoria de la pescadería?
3. ¿Qué quiere hacer la tía de Victoria?
4. ¿Qué dijo que necesitaba?
5. ¿Qué consiguió el papá de Antonio?
6. ¿Adónde tuvo que ir?
7. ¿Pudo llevar a los niños al parque?
8. ¿Cuándo pueden llevarlos Antonio y Victoria?
9. ¿Qué frutas hay?
10. ¿Qué quiere comer Antonio?

VII. Para escuchar y escribir

The speaker will read five sentences. Each sentence will be read twice. After the first reading, write what you have heard. After the second reading, check your work and fill in what you have missed.

1. _____
2. _____
3. _____
4. _____
5. _____

LECCIÓN 9

Laboratory Activities

I. Pronunciación

Listen and repeat the following sentences, paying close attention to your pronunciation and intonation.

1. De postre, queremos flan.
2. Quiero pan tostado con mermelada.
3. ¿Qué recomienda el camarero?
4. ¿Nos puede traer la cuenta?
5. El cordero asado está riquísimo.
6. Celebran su aniversario el sábado.

II. Diálogos: En el restaurante

The dialogues will be read first without pauses. Pay close attention to the speakers' intonation and pronunciation patterns.

Pilar y su esposo Víctor están de vacaciones en Colombia, y hace dos días que llegaron a Bogotá, donde piensan estar por un mes.

Anoche casi no durmieron porque fueron al teatro y luego a un club nocturno para celebrar su aniversario de bodas. Ahora están en el café de un hotel internacional, listos para desayunar. El mozo les trae el menú.

VÍCTOR —(*Al mozo.*) Quiero dos huevos fritos, jugo de naranja, café y pan con mantequilla.

MOZO —Y Ud., señora, ¿quiere lo mismo?

PILAR —No, yo sólo quiero café con leche y pan tostado con mermelada.

VÍCTOR —¿Por qué no comes huevos con tocino o chorizo y panqueques?

PILAR —No, porque a la una vamos a almorzar en casa de los Acosta. Hoy es el cumpleaños de Armando.

VÍCTOR —Es verdad. Y esta noche vamos a ir a cenar a un restaurante. Yo quiero probar algún plato típico de Colombia.

Por la tarde Víctor llamó por teléfono desde el hotel al restaurante La Carreta y preguntó a qué hora se abría. Hizo reservaciones para las nueve, pero llegaron tarde porque había mucho tráfico.

En el restaurante.

Mozo — Quiero recomendarles la especialidad de la casa: biftec con langosta, arroz y ensalada. De postre, flan con crema.

Pilar — No, yo quiero sopa de pescado y pollo asado con puré de papas. De postre, helado.

Víctor — Para mí, chuletas de cordero, papa al horno, no, perdón, papas fritas y ensalada. De postre, un pedazo de pastel.

El mozo anotó el pedido y se fue para la cocina.

Pilar — Mi abuela hacía unos pasteles riquísimos. Cuando yo era chica, siempre iba a su casa para comer pasteles.

Víctor — Yo no veía mucho a la mía porque vivía en el campo, pero ella cocinaba muy bien también.

Después de cenar, siguieron hablando un rato. Luego Víctor pidió la cuenta, la pagó y le dejó una buena propina al mozo. Cuando salieron hacía frío y tuvieron que tomar un taxi para ir al hotel. Eran las once cuando llegaron.

Now the dialogues will be read with pauses for you to repeat what you hear. Imitate the speakers' intonation patterns.

III. Preguntas y respuestas

Now the speaker will ask several questions based on the dialogues. Answer each question, omitting the subject whenever possible. The speaker will verify your response. Repeat the correct answer.

1. ¿Hace dos días o dos semanas que Pilar y Víctor llegaron a Bogotá?
2. ¿Fueron al cine o al teatro para celebrar su aniversario?
3. ¿Víctor quiere huevos fritos o panqueques?
4. ¿Pilar va a comer pan con mermelada o huevos con tocino?
5. ¿Pilar y Víctor van a almorzar en el restaurante o en casa de los Acosta?
6. ¿La especialidad del restaurante es biftec con langosta o pollo asado?
7. ¿Víctor pide la especialidad de la casa o chuletas de cordero?
8. ¿Víctor quiere papa al horno o papas fritas?
9. De postre, ¿Víctor quiere pastel o flan con crema?
10. Cuando Pilar era chica, ¿iba a casa de su abuela para cocinar o para comer pasteles?
11. ¿Los abuelos de Víctor vivían en el campo o vivían en la ciudad?
12. ¿Quién pagó la cuenta, Víctor o Pilar?

IV. Puntos para recordar

A. The speaker will ask several questions. Answer each one, using the cue provided. Pay special attention to the use of **por** or **para** in each question. The speaker will verify your response. Repeat the correct answer. Follow the model.

> MODELO: —¿Para quién es el biftec? (Rita)
> —*El biftec es para Rita.*

B. The speaker will ask several questions. Answer each one sí or no. The speaker will verify your response. Repeat the correct answer. Follow the model.

> MODELO: —¿En Chicago hace mucho viento?
> —*Sí, hace mucho viento.*

C. The speaker will ask several questions. Answer each one, using the cue provided. Pay special attention to the use of the preterit or the imperfect. The speaker will verify your response. Repeat the correct answer. Follow the model.

> MODELO: —¿En qué idioma te hablaban tus padres? (en inglés)
> —*Me hablaban en inglés.*

D. Answer each question you hear, using the cue provided. The speaker will verify your response. Repeat the correct answer. Follow the model.

> MODELO: —¿Cuánto tiempo hace que tú llegaste? (veinte minutos)
> —*Hace veinte minutos que llegué.*

E. Answer each question you hear, using the cue provided. The speaker will verify your response. Repeat the correct answer. Follow the model.

> MODELO: —Mis zapatos son negros. ¿Y los tuyos? (blancos)
> —*Los míos son blancos.*

V. Díganos

The speaker will ask you some questions. Answer them, using the cues provided. The speaker will verify your response. Repeat the correct answer. Follow the model.

> MODELO: —¿Cuánto tiempo hace que Ud. llegó a la universidad? (dos horas)
> —*Hace dos horas que llegué a la universidad.*

VI. Ejercicios de comprensión

A. You will hear three statements about each picture. Circle the letter of the statement that best corresponds to the picture. The speaker will verify your response.

1.   a b c   2.   a b c   3.   a b c

4.   a b c   5.   a b c   6.   a b c

7.   a b c   8.   a b c   9.   a b c

B. You will now hear some statements. Circle **L** if the statement is logical (**lógico**) or **I** if the statement is illogical (**ilógico**). The speaker will verify your response.

1. L   I   5. L   I

2. L   I   6. L   I

3. L   I   7. L   I

4. L   I   8. L   I

5. L   I   10. L   I

C. Now listen carefully to the dialogue and then answer the speaker's questions. The speaker will verify your response. Repeat the correct answers.

Listen to the dialogue.

Now answer the speaker's questions:

1. ¿Qué hora era cuando los chicos se levantaron?

2. ¿Qué desayunaron?

3. ¿Les dijo Pedro a los niños que sus abuelos venían hoy?

4. ¿A qué hora llegan los padres de Pedro?

5. ¿A qué hora llegan los padres de Celia?

6. ¿Cuánto tiempo hace que Pedro almorzó?

7. ¿Qué comió Pedro?

8. ¿Qué trajo Celia para esta noche?

9. ¿Qué le gusta al papá de Pedro?

10. ¿Por qué no fueron a nadar los chicos?

VII. Para escuchar y escribir

The speaker will read five sentences. Each sentence will be read twice. After the first reading, write what you have heard. After the second reading, check your work and fill in what you have missed.

1. _____

2. _____

3. _____

4. _____

5. _____

LECCIÓN 10

Laboratory Activities

I. Pronunciación

Listen and repeat the following sentences, paying close attention to your pronunciation and intonation.

1. ¿Te duele mucho la cabeza?
2. Está en la sala de rayos X.
3. Tienen que enyesarle el brazo.
4. La enfermera me puso una inyección.
5. Tiene que tomar estas pastillas.
6. No se ha fracturado el tobillo.

II. Diálogos: En un hospital

The dialogues will be read first without pauses. Pay close attention to the speakers' intonation and pronunciation patterns.

En Santiago de Chile.

Susana ha tenido un accidente y los paramédicos la han traído al hospital en una ambulancia. Ahora está en la sala de emergencia hablando con el médico.

DOCTOR —Dígame qué le pasó, señorita.

SUSANA —Yo había parado en una esquina y un autobús chocó con mi coche.

DOCTOR —¿Perdió Ud. el conocimiento después del accidente?

SUSANA —Sí, por unos segundos.

DOCTOR —¿Tiene Ud. dolor en alguna parte?

SUSANA —Sí, doctor, me duele mucho la herida del brazo.

DOCTOR —¿Cuándo fue la última vez que le pusieron una inyección antitetánica?

SUSANA —Hace seis meses.

DOCTOR —Bueno, voy a vendarle la herida ahora mismo. Y después la enfermera va a ponerle una inyección para el dolor. ¿Le duele algo más?

SUSANA —Me duele mucho la espalda y también me duele la cabeza.

DOCTOR —Bueno, vamos a hacerle unas radiografías para ver si se ha fracturado algo. (*A la enfermera.*) Lleve a la señorita a la sala de rayos X.

Una hora después, Susana salió del hospital. No tuvo que pagar nada porque tenía seguro médico. Fue a la farmacia y compró la medicina que le había recetado el médico para el dolor.

Pepito se cayó en la escalera de su casa y su mamá lo llevó al hospital. Hace una hora que esperan cuando por fin viene la doctora Alba. Pepito está llorando.

DOCTORA —¿Qué le pasó a su hijo, señora?

SEÑORA —Parece que se ha torcido el tobillo.

DOCTORA —A ver... creo que es una fractura.

Han llevado a Pepito a la sala de rayos X y le han hecho varias radiografías.

DOCTORA —Tiene la pierna rota. Vamos a tener que enyesársela.

SEÑORA —¿Va a tener que usar muletas para caminar?

DOCTORA —Sí, por seis semanas. Dele estas pastillas para el dolor y pida turno para la semana que viene.

Ahora Pepito está sentado en la camilla y habla con su mamá.

SEÑORA —¿Cómo te sientes, mi vida?

PEPITO —Un poco mejor. ¿Mami, llamaste a papi?

SEÑORA —Sí, mi amor. En seguida viene a buscarnos.

Now the dialogues will be read with pauses for you to repeat what you hear. Imitate the speakers' pronunciation patterns.

III. Preguntas y respuestas

Now the speaker will ask several questions based on the dialogues. Answer each question, omitting the subject whenever possible. The speaker will verify your response. Repeat the correct answer.

1. ¿Trajeron a Susana al hospital en una ambulancia o en un coche?

2. ¿Susana perdió el conocimiento por unos segundos o por unos minutos?

3. ¿Susana tiene una herida en la pierna o en el brazo?

4. ¿El doctor va a vendarle la herida a Susana o va a limpiársela?

5. ¿La enfermera va a ponerle una inyección a Susana o va a darle una receta?

6. ¿Van a hacerle una radiografía a Susana para ver si se ha fracturado algo o para ver si tiene una herida?

7. ¿El seguro pagó la cuenta del hospital o la pagó Susana?

8. ¿Llevaron a Pepito a la sala de emergencia o a la sala de rayos X?

9. Para caminar, ¿Pepito va a tener que tomar medicinas o va a tener que usar muletas?

10. ¿El doctor va a tener que vendarle la pierna a Pepito o va a tener que enyesársela?

11. ¿Pepito va a tener que usar muletas por seis semanas o por seis meses?

12. ¿Pepito se siente mejor o peor?

IV. Puntos para recordar

A. The speaker will ask several questions. Answer each one, using the verb *estar* and the past participle of the verb used in the question. The speaker will verify your response. Repeat the correct answer. Follow the model.

> MODELO: —¿Vendieron la casa?
> —*Sí, está vendida.*

B. Answer each question you hear by saying that the action mentioned has already been done. If the sentence contains a direct object, substitute the appropriate direct object pronoun. The speaker will verify your response. Repeat the correct answer. Follow the model.

> MODELO: —¿Va a cerrar Ud. la puerta?
> —*Ya la he cerrado.*

C. Change the verb in each statement you hear to the past perfect tense. The speaker will verify your response. Repeat the correct answer. Follow the model.

> MODELO: Él perdió el conocimiento.
> *Él había perdido el conocimiento.*

D. Change each statement you hear to a formal command. The speaker will verify your response. Repeat the correct answer. Follow the model.

> MODELO: Debe traerlo.
> *Tráigalo.*

V. Díganos

The speaker will ask you some questions. Answer them, using the cues provided. The speaker will verify your response. Repeat the correct answer. Follow the model.

> MODELO: —¿Tiene Ud. seguro médico?   (sí)
> —*Sí, tengo seguro médico.*

VI. Ejercicios de comprensión

A. You will hear three statements about each picture. Circle the letter of the statement that best corresponds to the picture. The speaker will verify your response.

1.   a b c   2.   a b c   3.   a b c

4.   a b c   5.   a b c   6.   a b c

7.   a b c   8.   a b c   9.   a b c

B. You will now hear some statements. Circle **L** if the statement is logical (**lógico**) or **I** if the statement is illogical (**ilógico**). The speaker will verify your response.

1. L I   5. L I
2. L I   6. L I
3. L I   7. L I
4. L I   8. L I
5. L I   10. L I

C. Listen carefully to the dialogue, and then answer the questions, omitting the subjects. The speaker will confirm your response. Repeat the correct response.

Listen to the dialogue.

Now answer the speaker's questions:

1. ¿Dónde está Gustavo?
2. ¿Por qué está en el hospital?
3. ¿Qué le pasó?
4. ¿Quiénes llevaron a Gustavo al hospital?
5. ¿Qué dice Luis que tienen que hacer?
6. ¿Cora ha llamado a los padres de Gustavo?
7. ¿Ya han llegado los padres de Gustavo al hospital?
8. ¿Cuánto tiempo hace que la mamá de Gustavo llamó a Cora?
9. ¿Qué le han hecho a Gustavo?
10. ¿Qué tiene Gustavo?
11. ¿Qué le duele?
12. ¿Dónde tiene una herida?

VII. Para escuchar y escribir

The speaker will read five sentences. Each sentence will be read twice. After the first reading, write what you have heard. After the second reading, check your work and fill in what you have missed.

1. _____
2. _____
3. _____
4. _____
5. _____

LECCIÓN 11

Laboratory Activities

I. Pronunciación

Listen and repeat the following sentences, paying close attention to your pronunciation and intonation.

1. Necesito unas gotas para la nariz.
2. ¿Es Ud. alérgico a la penicilina?
3. Víctor tiene tos y mucha fiebre.
4. No necesita una receta para el jarabe.
5. Me alegro de que sólo sea un catarro.
6. Ojalá te mejores pronto.

II. Diálogos: En la farmacia y en el consultorio del médico

The dialogues will be read first without pauses. Pay close attention to the speakers' intonation and pronunciation patterns.

Alicia llegó a Quito ayer. Durante el día se divirtió mucho, pero por la noche se sintió mal y no durmió bien. Eran las cuatro de la madrugada cuando por fin pudo dormirse. Se levantó a las ocho y fue a la farmacia. Allí habló con el Sr. Paz, el farmacéutico.

SR. PAZ —¿En qué puedo servirle, señorita?

ALICIA —Quiero que me dé algo para el catarro.

SR. PAZ —¿Tiene fiebre?

ALICIA —Sí, tengo una temperatura de treinta y nueve grados. Además tengo tos y mucho dolor de cabeza.

SR. PAZ —Tome dos aspirinas cada cuatro horas y este jarabe para la tos.

ALICIA —¿Y si la fiebre no baja?

SR. PAZ —En ese caso, va a necesitar penicilina. Yo le sugiero que vaya al médico.

ALICIA —Temo que sea gripe... ¡o pulmonía!

SR. PAZ —No lo creo... No se preocupe... ¿Necesita algo más?

ALICIA —Sí, unas gotas para la nariz, curitas y algodón.

Al día siguiente, Alicia sigue enferma y decide ir al médico. El doctor la examina y luego habla con ella.

DR. SOTO —Ud. tiene una infección en la garganta y en los oídos. ¿Es Ud. alérgica a alguna medicina?

ALICIA —Creo que no.

DR. SOTO —Muy bien. Le voy a recetar unas pastillas. Ud. no está embarazada, ¿verdad?

ALICIA —No, doctor. ¿Hay alguna farmacia cerca de aquí?

DR. SOTO —Sí, hay una en la esquina. Aquí tiene la receta.

ALICIA —¿Tengo que tomar las pastillas antes o después de las comidas?

DR. SOTO —Tómelas entre comidas. Trate de descansar y espero que se mejore.

ALICIA —Gracias. Me alegro de que no sea nada grave.

Alicia sale del consultorio del médico y va a la farmacia.

ALICIA —*(Piensa)* Ojalá que las pastillas sean baratas. Si son muy caras, no voy a tener suficiente dinero.

Now the dialogues will be read with pauses for you to repeat what you hear. Imitate the speakers' intonation patterns.

III. Preguntas y respuestas

The speaker will ask several questions based on the dialogues. Answer each question, always omitting the subject. The speaker will verify your response. Repeat the correct answer.

1. ¿El señor Paz es médico o es farmacéutico?

2. ¿Alicia tiene catarro o tiene una herida?

3. ¿Alicia tiene dolor de cabeza o dolor de espalda?

4. ¿El farmacéutico le sugiere que vaya a la sala de rayos X o le sugiere que vaya al médico?

5. ¿Alicia necesita unas gotas para los ojos o unas gotas para la nariz?

6. ¿Alicia sabe si es alérgica a alguna medicina o no está segura?

7. ¿El doctor le va a recetar unas pastillas o unas gotas?

8. ¿En la esquina hay un hospital o hay una farmacia?

9. ¿Alicia tiene que tomar las pastillas antes de las comidas o entre comidas?

10. ¿El doctor espera que Alicia vuelva pronto o que se mejore pronto?

IV. Puntos para recordar

A. The speaker will ask several questions. Answer each one, using the cue provided to say what the people mentioned should do. Always use the subjunctive. The speaker will verify your response. Repeat the correct answer. Follow the model.

MODELO: —¿Qué quieres tú que yo haga?   (hablar con el médico)
—*Quiero que hables con el médico.*

B. Respond to each statement you hear by saying that Eva doesn't want the people mentioned to do what they want to do. The speaker will verify your response. Repeat the correct answer. Follow the model.

MODELO: Yo quiero bajar.
Eva no quiere que yo baje.

C. The speaker will make some statements describing how she feels. Change each statement so that it expresses an emotion with regard to someone else. The speaker will verify your response. Repeat the correct answer. Follow the model.

MODELO: Me alegro de estar aquí.   (de que tú)
Me alegro de que tú estés aquí.

D. Change each statement you hear so that it expresses an emotion, using the cue provided. The speaker will verify your response. Repeat the correct answer. Follow the model.

MODELO: Ernesto no viene hoy.   (Siento)
Siento que Ernesto no venga hoy.

E. Answer each question you hear, using the cue provided. Pay special attention to the use of the prepositions **a, en,** and **de.** The speaker will verify your response. Follow the model.

MODELO: —¿A qué hora llegaron al hospital?   (a las ocho)
—*Llegaron a las ocho.*

V. Díganos

The speaker will ask you some questions. Answer them, using the cues provided. The speaker will verify your response. Repeat the correct answer.

MODELO: —Cuando Ud. se siente mal, ¿qué le aconsejan sus amigos que haga? (ir al médico)
—*Me aconsejan que vaya al médico.*

VI. Ejercicios de comprensión

A. You will hear three statements about each picture. Circle the letter of the statement that best corresponds to the picture. The speaker will verify your response.

1.   a b c   2.   a b c   3.   a b c

4.   a b c   5.   a b c   6.   a b c

7.   a b c   8.   a b c   9.   a b c

B. You will now hear some statements. Circle **L** if the statement is logical (**lógico**) or **I** if the statement is illogical (**ilógico**). The speaker will verify your response.

1. L I   5. L I
2. L I   6. L I
3. L I   7. L I
4. L I   8. L I
5. L I   10. L I

C. Listen carefully to the dialogue and then answer the speaker's questions, omitting the subjects. The speaker will verify your response. Repeat the correct answer.

Listen to the dialogue.

Now answer the speaker's questions:

1. ¿Qué quiere Magali que haga Héctor?
2. ¿Qué problemas tiene Carlitos?
3. ¿Qué teme Magali?
4. ¿Quién va a examinar a Carlitos?
5. ¿De qué se alegra Magali?
6. ¿Qué dijo Carlitos que le dolía?
7. ¿Qué espera Magali?
8. ¿A qué es alérgico Carlitos?
9. ¿Qué puede hacer el médico?
10. ¿Qué va a hacer Magali?

VII. Para escuchar y escribir

The speaker will read five sentences. Each sentence will be read twice. After the first reading, write what you have heard. After the second reading, check your work and fill in what you have missed.

1. _____

2. _____

3. _____

4. _____

5. _____

LECCIÓN 12

Laboratory Activities

I. Pronunciación

Listen and repeat the following sentences, paying close attention to your pronunciation and intonation.

1. Prefiero un asiento de pasillo.
2. Tiene que hacer escala en Miami.
3. Queremos pasaje de ida y vuelta.
4. Aquí están sus tarjetas de embarque.
5. La agente de viajes me dio varios folletos.
6. Nos vamos de vacaciones dentro de un mes.

II. Diálogos: De viaje a Buenos Aires

The dialogues will be read first without pauses. Pay close attention to the speakers' intonation and pronunciation patterns.

Isabel y Delia quieren ir de vacaciones a Buenos Aires y van a una agencia de viajes para reservar los pasajes. Ahora están hablando con el agente.

ISABEL —¿Cuánto cuesta un pasaje de ida y vuelta a Buenos Aires en clase turista?

AGENTE —Mil quinientos dólares si viajan entre semana.

ISABEL —¿Hay alguna excursión que incluya el hotel?

AGENTE —Sí, hay varias que incluyen el hotel, especialmente para personas que viajan acompañadas.

El agente les muestra folletos sobre varios tipos de excursiones.

DELIA —Nos gusta ésta. ¿Hay algún vuelo que salga el próximo jueves?

AGENTE —A ver... Sí, hay uno que sale por la tarde y hace escala en Miami.

ISABEL —¿Tenemos que transbordar?

AGENTE —Sí, tienen que cambiar de avión. ¿Cuándo desean regresar?

DELIA —Dentro de quince días.

AGENTE —Muy bien. Necesitan pasaporte pero no necesitan visa para viajar a Argentina.

ISABEL	—(*A Delia*) Acuérdate de llamar por teléfono a tu mamá para decirle que necesitas tu pasaporte.
DELIA	—Bueno … y tú no te olvides de ir al banco para comprar cheques de viajero. Ve hoy.

El día del viaje, Isabel y Delia hablan con la agente de la aerolínea en el aeropuerto.

AGENTE	—Sus pasaportes, por favor. A ver… Isabel Vargas Peña, Delia Sánchez Rivas. Sí, aquí están. ¿Qué asientos desean?
ISABEL	—Queremos un asiento de pasillo y uno de ventanilla en la sección de no fumar.
AGENTE	—No hay sección de fumar en estos vuelos. ¿Cuántas maletas tienen?
ISABEL	—Cinco, y dos bolsos de mano.
AGENTE	—Tienen que pagar exceso de equipaje. Son cincuenta dólares.
DELIA	—Está bien. ¿Cuál es la puerta de salida?
AGENTE	—La número cuatro. No, no es la cuatro sino la tres. Aquí tienen los comprobantes. ¡Buen viaje!

En la puerta número tres.

"Última llamada. Pasajeros del vuelo 712 a Buenos Aires, suban al avión, por favor."

ISABEL	—¡Cobraron demasiado por el exceso de equipaje!
DELIA	—¡No hay nadie que viaje con tanto equipaje como nosotras!

Isabel y Delia le dan la tarjeta de embarque al auxiliar de vuelo, suben al avión y ponen los bolsos de mano debajo de sus asientos.

Now the dialogues will be read with pauses for you to repeat what you hear. Imitate the speakers' intonation patterns.

III. Preguntas y respuestas

The speaker will ask several questions based on the dialogues. Answer each question, always omitting the subject. The speaker will verify your response. Repeat the correct answer.

1. ¿Isabel va a viajar sola o va a viajar acompañada?

2. ¿Isabel y Delia quieren pasajes en clase turista o en primera clase?

3. ¿Hay varias excursiones que incluyen el hotel o no hay ninguna?

4. ¿Las chicas van a viajar entre semana o van a viajar el domingo?

5. ¿El avión hace escala en Miami o hace escala en Brasil?

6. ¿Isabel y Delia tienen que transbordar o no tienen que cambiar de avión?

7. ¿Isabel y Delia quieren regresar dentro de quince días o dentro de un mes?

8. ¿Isabel quiere los asientos en la sección de fumar o en la sección de no fumar?

9. ¿Isabel y Delia tienen mucho equipaje o poco equipaje?

10. ¿Los pasajeros del vuelo 712 deben subir al avión o deben bajar del avión?

11. ¿Las chicas le dan la tarjeta de embarque al piloto a al auxiliar de vuelo?

12. ¿Las chicas ponen sus bolsos de mano en las maletas o debajo de los asientos?

IV. Puntos para recordar

A. Answer each question you hear according to the cue provided, using the subjunctive or the indicative as appropriate. The speaker will verify your response. Repeat the correct answer. Follow the model.

MODELO: —¿Conoces a alguien que viaje a Argentina este verano? (no)
—*No, no conozco a nadie que viaje a Argentina este verano.*

B. Answer each question you hear in the affirmative, using the **tú** command form of the verb. If a question has a direct object, substitute the appropriate direct object pronoun. The speaker will verify your response. Repeat the correct answer. Follow the model.

MODELO: —¿Traigo los folletos?
—*Sí, tráelos.*

C. Answer each question you hear in the negative, using the **tú** command form of the verb. If the question has a direct object, substitute the appropriate direct object pronoun. The speaker will verify your response. Repeat the correct answer. Follow the model.

MODELO: —¿Traigo los billetes?
—*No, no los traigas.*

D. Answer each question you hear, using the cue provided. Pay special attention to the use of prepositions. The speaker will verify your response. Repeat the correct answer. Follow the model.

MODELO: —¿Con quién se va a casar su amigo? (mi hermana)
—*Se va a casar con mi hermana.*

E. You will hear two parts of a sentence. Join them using either **sino** or **pero,** as necessary. The speaker will verify your response. Repeat the correct answer. Follow the model.

MODELO: No vamos a Chile. (Buenos Aires)
No vamos a Chile sino a Buenos Aires.

V. Díganos

The speaker will ask you some questions. Answer them, using the cues provided. The speaker will verify your response. Repeat the correct answer. Follow the model.

MODELO: —¿Viaja Ud. en el invierno? (no, verano)
—*No, viajo en el verano.*

VI. Ejercicios de comprensión

A. You will hear three statements about each picture. Circle the letter of the statement that best corresponds to the picture. The speaker will verify your response.

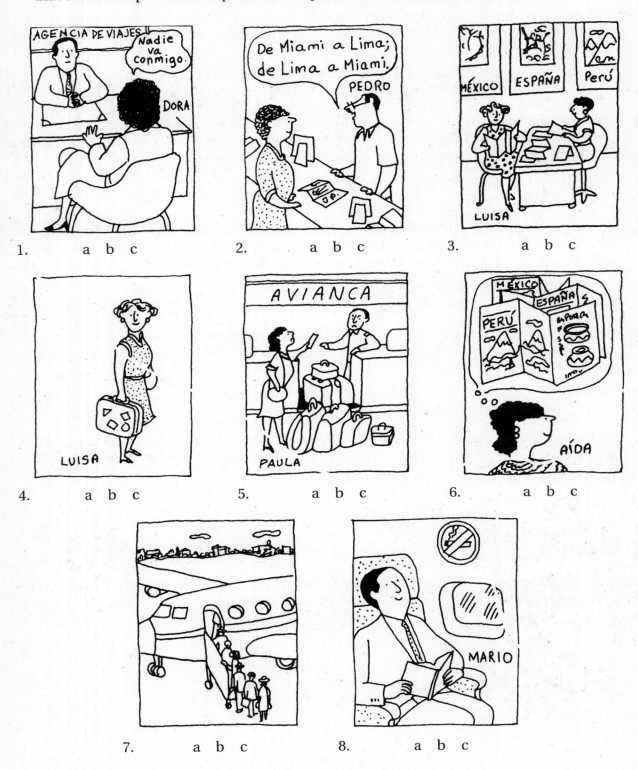

1.   a   b   c   2.   a   b   c   3.   a   b   c

4.   a   b   c   5.   a   b   c   6.   a   b   c

7.   a   b   c   8.   a   b   c

B. You will now hear some statements. Circle **L** if the statement is logical (**lógico**) or **I** if the statement is illogical (**ilógico**). The speaker will verify your response.

1. L   I   5. L   I
2. L   I   6. L   I
3. L   I   7. L   I
4. L   I   8. L   I
5. L   I   10. L   I

C. Listen carefully to the dialogue, and then answer the questions, omitting the subjects. The speaker will confirm your response. Repeat the correct response.

Listen to the dialogue.

Now answer the speaker's questions:

1. ¿Qué quiere Alina que haga Marcos?
2. ¿Qué tiene que hacer Marcos en la agencia?
3. ¿Qué le pregunta Marcos a Alina?
4. ¿Qué quiere Alina que Marcos pida en la agencia?
5. ¿Qué va a preguntar Marcos?
6. ¿Qué quiere saber Alina?
7. ¿Por qué dice Marcos que no puede reservar los pasajes?
8. ¿Qué quiere Alina que les preste la mamá de Marcos?
9. ¿Por qué tiene Marcos qué ir hoy a la oficina?
10. ¿De qué no debe olvidarse Marcos?

VII. Para escuchar y escribir

The speaker will read five sentences. Each sentence will be read twice. After the first reading, write what you have heard. After the second reading, check your work and fill in what you have missed.

1. _____
2. _____
3. _____
4. _____
5. _____

LECCIÓN 13

Laboratory Activities

I. Pronunciación

Listen and repeat the following sentences, paying close attention to your pronunciation and intonation.

1. ¿La habitación tiene aire acondicionado?
2. ¿También tiene cuarto de baño privado?
3. No queremos pensión completa, sólo desayuno.
4. El botones va a llevar el equipaje al cuarto.
5. Tienen que desocupar el cuarto al mediodía.
6. Antes de salir, quiero darme una ducha.

II. Diálogos: ¿Dónde nos hospedamos?

The dialogues will be read first without pauses. Pay close attention to the speakers' intonation and pronunciation patterns.

Hace unos minutos que los señores Paz llegaron al hotel Guaraní en Asunción. Como no tienen reservación, hablan con el gerente para pedir una habitación.

SR. PAZ —Queremos una habitación con baño privado, aire acondicionado y una cama doble.

GERENTE —Hay una con vista a la calle, pero tienen que esperar hasta que terminen de limpiarla.

SR. PAZ —Bien. Somos dos personas. ¿Cuánto cobran por el cuarto?

GERENTE —Doscientos mil guaraníes por noche.

SR. PAZ —¿Aceptan tarjetas de crédito?

GERENTE —Sí, pero necesito una identificación. Su licencia para manejar es suficiente. ¿Cuál es el número? Ah, aquí está.

SRA. PAZ —¿Tienen servicio de habitación? Queremos comer en cuanto lleguemos al cuarto.

GERENTE —Sí, señora, pero dudo que a esta hora sirvan comida.

El Sr. Paz firma el registro; el gerente le da la llave y llama al botones para que lleve las maletas al cuarto. La Sra. Paz nota que el gerente le habla al botones en guaraní.

SR. PAZ	—¿A qué hora tenemos que desocupar el cuarto?
GERENTE	—Al mediodía, aunque pueden quedarse media hora extra.
SRA. PAZ	—(*A su esposo.*) Vamos a un restaurante y comamos algo antes de subir a la habitación.
SR. PAZ	—Sí, pero primero dejemos tus joyas en la caja de seguridad del hotel.
SRA. PAZ	—Oye, no es verdad que el hotel Guaraní sea tan caro como nos dijeron. ¡Y es muy bueno!
SR. PAZ	—Sí, pero la próxima vez, pidámosle a la agencia de viajes que nos haga las reservaciones.

Mario y Jorge están hablando con el dueño de la pensión Carreras, donde piensan hospedarse. Le preguntan el precio de las habitaciones.

DUEÑO	—Con comida, cobramos novecientos noventa mil guaraníes por semana.
MARIO	—¿Eso incluye desayuno, almuerzo y cena?
DUEÑO	—Sí, es pensión completa. ¿Por cuánto tiempo piensan quedarse?
MARIO	—No creo que podamos quedarnos más de una semana.
JORGE	—Tienes razón... (*Al dueño.*) ¿El baño tiene bañadera o ducha?
DUEÑO	—Ducha, con agua caliente y fría. Y todos los cuartos tienen calefacción.
MARIO	—¿Hay televisor en el cuarto?
DUEÑO	—No, pero hay uno en el comedor.
MARIO	—Gracias. (*A Jorge.*) Cuando vayamos a Montevideo, tratemos de encontrar otra pensión como ésta.
JORGE	—Sí. Oye, apurémonos o vamos a llegar tarde al cine.
MARIO	—Sí, quiero llegar antes de que empiece la película.

Now the dialogues will be read with pauses for you to repeat what you hear. Imitate the speakers' intonation patterns.

III. Preguntas y respuestas

Now the speaker will ask several questions based on the dialogues. Answer each question, omitting the subject whenever possible. The speaker will verify your response. Repeat the correct answer.

1. ¿El hotel Guaraní está en Asunción o en Montevideo?

2. ¿Los señores Paz hablan con el gerente o con el botones?

3. ¿Los señores Paz quieren comer en cuanto lleguen a su habitación o más tarde?

4. ¿Quién lleva las maletas de los señores Paz, el botones o el Sr. Paz?

5. ¿Los señores Paz tienen que desocupar el cuarto al mediodía o a la medianoche?

6. ¿Van a dejar las joyas de la Sra. Paz en la caja de seguridad o en la habitación?

7. ¿Mario y Jorge están hablando con el dueño de la pensión o con el empleado?

8. ¿Mario y Jorge piensan quedarse en la pensión por una semana o por un mes?

9. ¿Todos los cuartos de la pensión tienen aire acondicionado o tienen calefacción?

10. ¿Hay televisor en el cuarto o en el comedor?

11. ¿Jorge y Mario van a ir al cine o al teatro?

12. ¿Mario quiere llegar al cine antes de que empiece la película o después de que empiece la película?

IV. Puntos para recordar

A. Change each statement you hear, using the cue provided. The speaker will verify your response. Repeat the correct answer. Follow the model.

> MODELO: El baño tiene bañadera.   (no creo)
> *No creo que el baño tenga bañadera.*

B. Change each statement you hear, using the cue provided. The speaker will verify your response. Repeat the correct answer. Follow the model.

> MODELO: Le hablo cuando lo veo.   (le voy a hablar)
> *Le voy a hablar cuando lo vea.*

C. Answer each question you hear, using the first-person plural command form and the cue provided. The speaker will verify your response. Repeat the correct answer. Follow the model.

> MODELO: —¿Con quién hablamos?   (con el dueño)
> *—Hablemos con el dueño.*

V. Díganos

The speaker will ask you some questions. Answer them, using the cues provided. The speaker will verify your response. Repeat the correct answer.

> MODELO: —Cuando Ud. vaya de vacaciones, ¿se va a quedar en un hotel o en casa de un amigo?   (en casa de un amigo)
> *—Me voy a quedar en casa de un amigo.*

VI. Ejercicios de comprensión

A. You will hear three statements about each picture. Circle the letter of the statement that best corresponds to the picture. The speaker will verify your response.

1.   a b c   2.   a b c   3.   a b c

4.   a b c   5.   a b c   6.   a b c

7.   a b c   8.   a b c   9.   a b c

B. You will now hear some statements. Circle **L** if the statement is logical (**lógico**) or **I** if the statement is illogical (**ilógico**). The speaker will verify your response.

1. L I   5. L I
2. L I   6. L I
3. L I   7. L I
4. L I   8. L I
5. L I   10. L I

C. Listen carefully to the dialogue and then answer the speaker's questions, omitting the subjects. The speaker will verify your response. Repeat the correct answer.

Listen to the dialogue.

Now answer the speaker's questions.

1. ¿A quién quiere llamar hoy César?
2. ¿Para qué quiere llamarlo?
3. ¿Dónde quiere hospedarse Rocío?
4. ¿Qué incluyen las pensiones?
5. ¿Las pensiones son más baratas o más caras que los hoteles?
6. ¿Qué duda Rocío?
7. ¿Qué tiene la pensión Saldívar?
8. ¿Qué quiere Rocío?
9. ¿A dónde va a ir César esta tarde?
10. ¿Qué va a pedir?

VII. Para escuchar y escribir

The speaker will read five sentences. Each sentence will be read twice. After the first reading, write what you have heard. After the second reading, check your work and fill in what you have missed.

1. _____
2. _____
3. _____
4. _____
5. _____

LECCIÓN 14

Laboratory Activities

I. Pronunciación

Listen and repeat the following sentences, paying close attention to your pronunciation and intonation.

1. Están tratando de decidir qué harán.
2. Nosotros llevaríamos las cañas de pescar.
3. Sería mejor que fuéramos a un hotel.
4. Podríamos ir a acampar y visitar a mis parientes.
5. ¡Con razón quieres ir a Barcelona!

II. Diálogos: Actividades al aire libre

The dialogues will be read first without pauses. Pay close attention to the speaker's intonation and pronunciation patterns.

> *José Ariet y su esposa Natalia están sentados en un café al aire libre en la Plaza Mayor de Madrid con sus hijos Jaime y Gloria. Como tendrán vacaciones el próximo mes están tratando de decidir a dónde irán y qué harán.*

GLORIA —A mí me gustaría ir a Alicante y pasar todo el tiempo en la playa... nadar, tomar el sol, bucear... hacer surfing...

NATALIA —Sí, podríamos alquilar un apartamento por una semana. Gastaríamos menos porque no tendríamos que comer en restaurantes todo el tiempo.

JOSÉ —Yo preferiría ir a Barcelona. Podríamos ir a acampar y también visitar a mis parientes. Mataríamos dos pájaros de un tiro.

JAIME —Si invitáramos a los tíos, ellos podrían traer las tiendas de campaña y las bolsas de dormir. Nosotros llevaríamos las cañas de pescar.

GLORIA —¡Ay, Jaime! ¡Eso sería muy aburrido!

JOSÉ —Tú puedes pasar un par de días con tus primas en la Costa Brava. Además no te olvides de que tus abuelos nos pidieron que los visitáramos este verano.

NATALIA —Pero José, tú hablas como si nunca fuéramos a verlos.

JAIME —¡Entonces está decidido! ¡Iremos a Barcelona!

Por la noche en la sala de estar de los Ariet.

NATALIA —José, ahora que tus padres se mudaron a una casa más chica, sería mejor que fuéramos a un hotel.

JOSÉ —Sí, porque somos cuatro. No cabemos todos en el cuarto de huéspedes.

GLORIA —¿Y si yo me quedara con los tíos...?

JAIME —Eso sería una buena solución. Yo podría dormir en el sofá. A mí no me importa.

NATALIA —Bueno, yo llamaré a tu abuela mañana y le preguntaré qué piensa ella.

JOSÉ —(*Se ríe.*) Por supuesto que ella insistirá en que nos quedemos en su casa.

NATALIA —Es verdad. Yo sé que a tus padres les gusta que estemos con ellos.

JAIME —Y abuelo querrá que yo vaya a cazar con él. ¡Ah! Y Montserrat, la hija de los vecinos, me invitará a hacer esquí acuático.

GLORIA —¡Ah! ¡Con razón quieres ir a Barcelona!

Now the dialogues will be read with pauses for you to repeat what you heard. Imitate the speakers' intonation patterns.

III. Preguntas y respuestas

The speaker will ask several questions based on the dialogues. Answer each question, omitting the subject whenever possible. The speaker will verify your response. Repeat the correct response.

1. ¿Los Ariet están en Madrid o en Barcelona?

2. ¿Ellos tendrán vacaciones el próximo año o el próximo mes?

3. ¿A Gloria le gustaría pasar todo el tiempo en la playa o en la montaña?

4. ¿Natalia quiere alquilar un apartamento o una casa?

5. ¿José preferiría ir a Sevilla o a Barcelona?

6. ¿Los tíos podrían traer las tiendas de campaña o las cañas de pescar?

7. ¿Los abuelos de Gloria les pidieron que los visitaran el verano próximo o este verano?

8. ¿Los padres de José se mudaron a una casa más grande o a una casa más chica?

9. ¿José dice que no caben todos en el cuarto de huéspedes o en la sala de estar?

10. ¿Natalia llamará a la tía o a la abuela de Jaime?

11. ¿El abuelo de Jaime querrá que él vaya a pescar o a cazar con él?

12. ¿Montserrat es la hija de los vecinos o la prima de Jaime?

IV. Puntos para recordar

A. The speaker will read several sentences. Change the verb in each sentence to the future tense. The speaker will verify your response. Repeat the correct answer. Follow the model.

MODELO: Voy a hablar con ellos.
Hablaré con ellos.

B. Change the verbs in each statement you hear to the conditional tense and use the cue provided to say what the people mentioned would do differently. The speaker will verify your response. Repeat the correct answer. Follow the model.

MODELO: Ana va a Madrid.   (ellos a Barcelona)
Ellos irían a Barcelona.

C. Change each statement you hear so that it describes the past, using the cue provided. The speaker will verify your response. Repeat the correct answer. Follow the model.

MODELO: Yo quiero que tú vuelvas.   (yo quería)
Yo quería que tú volvieras.

B. Change each statement you hear to describe a situation that is hypothetical or contrary to fact, using the cue provided. The speaker will verify your response. Repeat the correct answer. Follow the model.

MODELO: Iré si puedo.   (iría)
Iría si pudiera.

V. Díganos

The speaker will ask you some questions. Answer them, using the cues provided. The speaker will verify your response. Repeat the correct answer. Follow the model.

MODELO: ¿Adónde iría Ud. de vacaciones?   (a la playa)
Iría de vacaciones a la playa.

VI. Ejercicios de comprensión

A. You will hear three statements about each picture. Circle the letter of the statement that best corresponds to the picture. The speaker will verify your response.

1.   a b c   2.   a b c   3.   a b c

4.   a b c   5.   a b c   6.   a b c

B. You will now hear some statements. Circle **L** if the statement is logical (**lógico**) or **I** if the statement is illogical (**ilógico**). The speaker will verify your response.

1. L I   5. L I
2. L I   6. L I
3. L I   7. L I
4. L I   8. L I
5. L I   10. L I

C. Listen carefully to the dialogue, and then answer the questions, omitting the subjects. The speaker will confirm your response. Repeat the correct response.

Listen to the dialogue.

Now answer the speaker's questions:

1. ¿Qué tendrán pronto Irene y David?

2. ¿Qué le gustaría a David que hicieran ellos?

3. ¿Qué podría prestarles su tío?

4. ¿Qué piensa Irene de esa idea?

5. ¿Adónde quiere ir ella?

6. Según David, ¿qué pasa en las playas en el verano?

7. ¿Qué dice Irene que pueden hacer si van a donde haya un lago o un río?

8. ¿Qué quiere hacer David?

9. ¿Qué no le gusta a David?

10. ¿Qué decidió Irene?

VII. Para escuchar y escribir

The speaker will read five sentences. Each sentence will be read twice. After the first reading, write what you have heard. After the second reading, check your work and fill in what you have missed.

1. _____

2. _____

3. _____

4. _____

5. _____

▣ Repaso

To review the material you have learned, the speaker will ask you some questions. Answer each question with a complete sentence, using the cue provided. The speaker will verify your response. Repeat the correct answer.

1. química
2. un año
3. ciencias económicas, historia y matemáticas
4. en el laboratorio de lenguas
5. el primero de mayo
6. no, en un apartamento
7. sí, mucha
8. jugo de naranja
9. sí, el sábado
10. a las nueve
11. los discos compactos
12. a mi mejor amiga
13. rubia, bonita y simpática
14. al banco
15. abrir una cuenta de ahorros
16. quinientos dólares
17. el dos por ciento
18. con cheques
19. al correo
20. enviar un giro postal
21. sí
22. sí, mucho
23. a las siete y media
24. a la tienda
25. un impermeable y dos pantalones
26. huevos con tocino
27. manzanas, peras y uvas
28. lechuga y tomate
29. en un restaurante
30. chuletas de cordero y puré de papas
31. cinco dólares
32. tuve un accidente
33. un autobús chocó con mi coche
34. sí, en una ambulancia
35. no, mal
36. la cabeza y la garganta
37. sí, una temperatura de 102 grados
38. penicilina
39. a México
40. quinientos dólares
41. de ventanilla
42. un par de zapatos
43. sí
44. sesenta dólares
45. quince días
46. sí
47. un coche grande
48. acampar y cazar
49. montar en bicicleta
50. a España

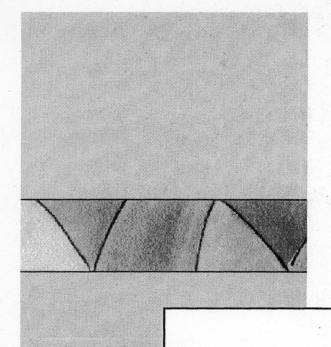

VIDEO ACTIVITIES

LECCIÓN 1

Video Activities

México

Vocabulario

Review the following words and phrases before viewing the video.

el país   country
la arquitectura   architecture
la capital   capital (*of country, state, province*)
preservada   preserved
la catedral   cathedral
los edificios de gobierno   government buildings
el convento   convent

Preparación

Los lugares de México

A.   In this first video segment you will see some important places in Mexico. Match the Spanish word in the left column with its English counterpart in the right column.

la catedral	theater
la pirámide	cathedral
el museo	convent
las ruinas	pyramid
el convento	hotel
el hotel	museum
el teatro	ruins

B.   Now, while watching the silent video, circle the places you see.

C.   Now, watch the video with sound and put an "X" next to the places you hear the narrator identify.

Comprensión

A. **Las ciudades de México.** Based on the information in the video segment, select the word or phrase that best completes the following statements. More than one answer may be correct.

1. El Museo Nacional de Antropología está en (la Ciudad de México, Puebla).

2. En México hay muchas ruinas (arqueológicas, modernas).

3. Algunas de las civilizaciones precolombinas de México son (los mayas y los aztecas, los incas).

4. La capital del estado de Jalisco es (Puebla, Guadalajara).

5. Puebla es la ciudad colonial (mejor preservada, más moderna) de México.

6. En Puebla es posible visitar (la catedral, el Museo Nacional de Antropología).

Ampliación cultural

Otro país, otras culturas. Make a list of questions you might ask a visitor from Mexico based on the images you see in the first video segment. You can use the following words and phrases as a guide.

¿Cuáles son algunas…?   *What are some…?*
¿Dónde está…?   *Where is…?*
¿Cómo es/son…?   *What is/are… like?*
las ruinas arqueológicas
la música
el baile
la arquitectura antigua/moderna
histórico/a
interesante
tradicional
antiguo/a
moderno/a

Saludos y preguntas

Vocabulario

Review the following words and phrases before viewing the video.

¿Cómo se llama usted?   What is your name?
Me llamo…   My name is…
Mi nombre es…   My name is…
¿De dónde es usted?   Where are you from?
Soy de…   I am from…
Vengo de…   I come from…

Preparación

¿De dónde son?

A. In this second video segment you will hear students tell where they are from. Circle the countries and cities you hear them say in the list below.

El Salvador	Quito
Panamá	San Salvador
Colombia	Madrid
Estados Unidos	Bogotá
Perú	Asunción
España	Ciudad de México
Paraguay	El Paso
Uruguay	Ciudad de Panamá
México	San José
Ecuador	Guadalajara

B. Now draw a line connecting the cities with their respective countries. You may use the maps in your textbook as a reference.

Comprensión

A. **¿De dónde es...?** Match each student with their country of origin in the list.

1. Otmara es de _____ .
2. Pedro es de _____ .
3. Tamara es de _____ .
4. Jaime es de _____ .
5. Carolina es de _____ .
6. Gustavo es de _____ .
7. Leonardo es de _____ .

España

Colombia

El Salvador

Panamá

Ecuador

Puerto Rico

Perú

Paraguay

Ampliación cultural

¿De dónde es Ud.? When someone asks you where you are from, do you identify your hometown, the state, region or country? How does this compare with the way the Spanish-speaking students identify their places of origin in the video? Discuss these questions with a partner, then present your findings to the class.

Video Activities

Los mexicoamericanos

Vocabulario

Review the following words and phrases before viewing the video.

se combinan   are combined

pasear en bote   to ride a boat

construida   constructed, built

el/la guía   tour guide

La Feria Mundial   World Fair

las misiones   missions

el baile   dance

la piñata   candy filled, papier-mâché figure used in birthday celebrations

la charrería   rodeo

Preparación

San Antonio, ciudad de muchas culturas.   Match the nationalities listed in the left-hand column with the appropriate country in the right-hand column.

española	Estados Unidos
alemana	Francia
francesa	México
afroamericana	España
japonesa	Alemania
china	China
tejana	África
mexicana	Japón

Comprensión

De turista en San Antonio. Select the word or phrase that best completes each statement according to what you understand from the video. More than one answer may be correct.

1. En San Antonio, se combinan muchas _____ (culturas, comidas).

2. Puedes pasear en bote en _____ (el Paseo de Río, la charrería).

3. En San Antonio puedes ver la Torre de las Américas, construida en _____ (1918, 1968).

4. En San Antonio hay _____ (5, 15) misiones españolas construidas en los años 1700.

5. Otro nombre para El Álamo es _____ (la Torre de El Álamo, la misión San Antonio de Valero).

6. Otra palabra para la charrería es _____ (el rodeo, las fiestas).

Ampliación cultural

Cuando voy a San Antonio... You are going to San Antonio, Texas for two days. With a partner, make a list of things to do during your visit. The following words or phrases may help you. Share your plans with the rest of the class.

MODELO: *Ver los murales interesantes. Escuchar la música.*

comer	la arquitectura
comprar	el arte
escuchar (*to listen to*)	los murales
observar	el baile
participar	la música
visitar	el mercado
ver	la comida
	la tradición
	el rodeo

La vida universitaria

Vocabulario

Review the following words and phrases before viewing the video.

la vida estudiantil   student life
estoy estudiando   I am studying
materia básica   core course, basic requirements
el horario   schedule
mi propio escritorio   my own desk
los grupos de estudio   study groups
el/la compañero/a de la escuela   classmate, schoolmate

Preparación

A. **Las materias.** With a partner, guess the meanings of the following course names and majors. Then divide the words into two categories: **las materias** (courses) and **las carreras** (majors). Some words may belong in both categories.

B. **Cognados.** While watching the video for the first time, pay attention to the pronunciation of this list of cognates.

Español
Sociología
Materia de diseño
Fotografía en blanco y negro
Ciencias de la comunicación
Computación
Inglés
Introducción a la comunicación
Historia de México
Arquitectura
Medicina
Administración hotelera

Comprensión

A. **Los horarios de los estudiantes.** Pay special attention to the segment where students answer the question, **¿Cuándo estudias?** Complete the following statements with the appropriate time of day you hear when the students describe their class schedules in the video. How does your class schedule compare?

ORLANDO: … a las _____ de la mañana hasta las _____.

LUIS: … de _____ de la mañana a _____ de la tarde, de lunes a

miércoles. Y los jueves y los viernes es de _____ de la mañana a

_____ de la tarde.

IVONNE: … es de _____ de la mañana a _____ de la tarde, de lunes a

viernes.

JOSÉ: … es de lunes a jueves de _____ de la tarde a _____ de la noche y

los viernes de _____ a _____ de la tarde.

B. **¿Con quién estudian?** Select the word or phrase that best completes the following sentences in response to the question, **¿Con quién estudian?**

Luis:

1. Normalmente estudia _____ (solo, con un/a compañero/a).

2. De vez en cuando tiene actividades en equipo, y estudia con _____ (su compañero de cuarto, unos compañeros de la escuela).

Carolina:

3. Estudia _____ (sola, con un/a compañero/a).

4. Estudia en _____ (su casa, la biblioteca, su cuarto).

Héctor:

5. Mayormente estudia _____ (solo, con algún compañero).

6. A veces estudia con unos compañeros en _____ (la cafetería, la biblioteca).

7. En su casa estudia en _____ (su escritorio, la mesa).

Ampliación cultural

A.   **¿Y dónde estudia Ud.?**   Take a poll of 3-5 students about their favorite study habits by having them answer the questions below. Summarize your findings with the rest of the class.

¿Dónde estudias?
¿Cuándo estudias?
¿Con quién estudias?

B.   **Diferencias y semejanzas.**   With a partner, make a list of at least two differences and two similarities between the university scenes you see on the video and your own school setting. Share your observations with the rest of the class.

LECCIÓN 3

Video Activities

Miami: El Festival de la Calle Ocho de la Pequeña Habana

Vocabulario

Review the following words and phrases before viewing the video.

la carrera   road race
las carrozas   floats (in a parade)
el concurso de belleza   beauty pageant
los conjuntos musicales   musical groups
el desfile   parade
disfrutar de   to enjoy
el hogar   home
la reina   queen

Preparación

¿Cuánto saben Uds. ya?   Using the **Notas culturales** section of your textbook and what you may already know about Miami, complete each statement with the appropriate information.

1. Más de _____ de hispanos viven en Miami.

2. La Pequeña Habana está en la ciudad de _____ en el estado de _____ .

3. Otros grupos de hispanohablantes que viven en Miami son _____ .

4. Los idiomas que se hablan en Miami son _____ y _____ .

Comprensión

El Festival de la Calle Ocho.   After viewing the video segment, select the word or phrase that best completes each statement according to what you understood.

1. En Miami se celebra El Festival de la Calle Ocho en la Pequeña Habana (todos los años,

   cada semana).

2. La Pequeña Habana está en (Miami, Los Ángeles).

3. (Muchas, Pocas) personas disfrutan del festival.

4. De noche coronan (a la reina, al rey) en un concurso de belleza (*beauty pageant*).

5. Hay una carrera (*road race*) a lo largo (*along*) de (Miami, la Calle Ocho).

Ampliación cultural

A. **Un festival típico.** With a partner, describe a typical festival or celebration in your town, state, or country. Use the following questions as a guide.

1. ¿Cómo se celebra el festival?

2. ¿Dónde se celebra?

3. ¿Cuándo se celebra?

4. ¿Cuáles son las actividades más importantes?

5. ¿Qué hacen de día?

6. ¿Qué hacen de noche?

B. **Comparación y contraste.** Now compare your local celebration with the *Festival de la Calle Ocho* in Miami using the following questions as a guide. Share your findings with the rest of the class.

¿Qué tienen en común?
¿Dónde tienen lugar las celebraciones?
¿Cómo son diferentes?
¿Cómo son similares?

Un día muy ocupado

Vocabulario

Review the following words and phrases before viewing the video.

el almuerzo   lunch
la cena   dinner
los deberes   homework
la empresa   company (office)
jugar futbolito o billar   to play foosball or billiards
limpieza   cleaning
hacer ejercicio   to exercise
nos turnamos   we take turns
la película   movie
regresar   to return
la siestecita   little nap
tomar una ducha   to take a shower
transcurre mi día   my day is spent

Preparación

Su rutina diaria. Answer the following questions based on your own information. You will hear answers to some of these questions when you watch the video. After viewing the video, compare your answers with those you hear.

1. ¿Cómo es su rutina diaria?

2. ¿A qué hora se levanta?

3. ¿A qué hora desayuna? ¿A qué hora almuerza? ¿A qué hora cena?

4. ¿Cuándo se acuesta?

5. ¿Quién hace los trabajos de la casa? ¿Qué día los hace?

6. Mi rutina diaria es…

Comprensión

A. ¿Verdadero o falso? Read the following statements. Circle **V** (**Verdadero**) or **F** (**Falso**) according to what you understood from the video. If a statement is false, correct it.

Pedro

1. Por lo regular (*As a rule*) hace ejercicio por la mañana.   **V**   **F**

2. Come con sus amigos en la universidad.   **V**   **F**

3. Él y sus amigos juegan al futbolito o al billar por la tarde.   **V**   **F**

Zaida

4. Se levanta muy tarde.   **V**   **F**

5. Tiene clase sólo por la mañana.   **V**   **F**

6. Va al gimnasio por la tarde.   **V**   **F**

Juan

7. Se levanta temprano.   **V**   **F**

8. Duerme una siestecita (*little nap*) por la tarde.   **V**   **F**

9. Sale con su novia o con sus amigos después de cenar (*having dinner*).   **V**   **F**

Anselmo

10. No tiene hijos.   **V**   **F**

11. Sale de casa a las siete y media.   **V**   **F**

12. Llega a la oficina a las nueve.   **V**   **F**

B. **¿Quién lo dijo?** Match each statement with the name of the person who said it.

_____ 1. Una vez a la semana hacemos la limpieza general de toda la casa.

a. Zaida

_____ 2. Una señora y mi madre hacen los trabajos de la casa.

b. Gustavo

_____ 3. Mis compañeras y yo nos turnamos (*take turns*) para limpiar la casa.

c. Tamara

_____ 4. Tengo una señora que nos limpia la casa.

d. Ángela

_____ 5. Todos ayudamos y cooperamos en la casa.

e. Juan

Ampliación cultural

A. **La rutina diaria.** With a partner, choose one of the speakers in the video and compare his or her daily routine on a school day with your own daily routine on a school day. How are they different? How are they similar? Create a skit to compare your daily routines and present to the class.

B. **Los quehaceres de la casa.** With a partner, make a list of all the household chores you know in Spanish. Invite the whole class to write the list so everyone can see it. Do a class survey to find out which are the most favorite chores and which are the least favorite.

LECCIÓN 4

Video Activities

Puerto Rico, isla encantadora

Vocabulario

Review the following words and phrases before viewing the first two video segments about Puerto Rico and Puerto Ricans.

el bosque lluvioso   tropical rain forest
la cuadra   (city) block
la fortaleza   fortress, fort
las palomas   pigeons
el puerto   port
el sabor   flavor
el tesoro   treasure

El desfile puertorriqueño de Nueva York

la bandera   flag
el desfile   parade
el destino   destiny, destination
Estado Libre Asociado   Free Associated State (Commonwealth)
la fuerza   strength
orgullosamente   proudly
promueve   promotes

Preparación

¿Qué saben Uds. de Puerto Rico? Before you watch the two video segments about Puerto Rico and Puerto Ricans, review the cultural notes in your textbook. Then, in groups of three or four, make a list of the things you already know about Puerto Rico. The following words or phrases may help start the discussion. Share your knowledge with the rest of the class.

los idiomas que hablan en Puerto Rico
la forma de gobierno
las ciudades principales
la población
puertorriqueños famosos
las atracciones turísticas
puertorriqueños en los Estados Unidos

Comprensión

A. **¿Verdadero o falso?** Read the following statements. After watching the two video segments on Puerto Rico, circle **V** (**Verdadero**) or **F** (**Falso**), according to what you understand about Puerto Rico. If a statement is false, correct it.

Puerto Rico, isla encantadora

1. Puerto Rico es una isla tropical.   **V**   **F**
2. El Viejo San Juan tiene muchos ejemplos de arquitectura indígena.   **V**   **F**
3. El Castillo San Felipe del Morro es parte de la historia española en Puerto Rico.   **V**   **F**
4. En Puerto Rico hay un bosque lluvioso.   **V**   **F**
5. En la cocina puertorriqueña se usan mucho las frutas, el pescado y el arroz.   **V**   **F**
6. Hay muchas playas en el Viejo San Juan.   **V**   **F**

El desfile puertorriqueño de Nueva York

1. La bandera (*flag*) puertorriqueña fue creada en Puerto Rico.   **V**   **F**
2. La bandera puertorriqueña ondeó por primera vez en Puerto Rico
   en el año 1902.   **V**   **F**
3. Puerto Rico es un Estado Libre Asociado (*Commonwealth*) a los
   Estados Unidos.   **V**   **F**
4. El desfile puertorriqueño se inició (*began*) en el año 1957.   **V**   **F**
5. Muy pocas personas asisten al desfile puertorriqueño en la Quinta Avenida
   en Nueva York.   **V**   **F**
6. Algunos políticos participan en el desfile puertorriqueño en Nueva York.   **V**   **F**

Ampliación cultural

A. **Visita Puerto Rico, una isla extraordinaria.** With a partner, make a list of at least five reasons you would use to convince a friend to visit Puerto Rico with you. Choose the word or phrase from the left column that makes the best match with the word or phrase from the right column according to what you understand from the video. There may be more than one possible match.

Si le interesa...	En Puerto Rico puede visitar...
nadar	el Viejo San Juan
la arquitectura colonial	El Yunque
la historia española	las playas de Puerto Rico
comer algo delicioso	galerías, cafés, restaurantes, hoteles y plazas
visitar una fortaleza	el Castillo San Felipe del Morro
ver la ciudad	el Parque de las Palomas
la ecología	un restaurante de comida puertorriqueña

B. **Celebraciones hispanas.** With a partner, discuss in Spanish the importance of the Puerto Rican Day celebration in New York City. Compare and contrast *El Desfile Puertorriqueño* to another celebration in your area.

C. **Dos culturas.** After viewing all the video modules, what have you learned about Puerto Rico and its people that you did not know before? Discuss this in Spanish with a partner.

La familia y el fin de semana

Vocabulario

Review the following words and phrases before viewing the video.

andar en bicicleta   to ride a bicycle
caminar por la ciudad   to walk around the city
el chiquito   the youngest
la hembra   female
ir a la playa   to go to the beach
jugar con los niños   to play with the children
el mayor   the oldest (son)
salir a comer   to go out to eat
salir con amigos   to go out with friends
se compone de   is made up of
el sexto de primaria   sixth grade
el tercero de secundaria   third year of high school
la vida diaria   daily life
la viuda   widow

Preparación

¿Cómo es su familia? With a partner, answer the following questions based on your own information. You will hear answers to these same questions when you watch the video. After viewing the video, compare your answers with those you hear.

¿Tienes hijos? (¿Cuántos?)
¿Tienes hermanos?
¿Qué piensas hacer este fin de semana?

Comprensión

A.   **¿Verdadero o falso?** Read the following statements. After watching the video, circle **V** (**Verdadero**) or **F** (**Falso**), according to what you understand about family life. If a statement is false, correct it.

1. La familia es una parte integral de la vida diaria en el mundo hispano.   V   F

2. Por lo general, los hispanos no pasan mucho tiempo con sus familias.   V   F

3. Si el hermano tiene 16 años y la hermana tiene 12 años, el hermano es mayor que la hermana.   V   F

4. Según el video, Tamara tiene cuatro hermanas.   V   F

5. Según el video, Luis tiene un hermano y una hermana.   V   F

6. Según el video, Ivonne tiene una familia grande con dos hermanos y dos hermanas.   V   F

7. Según el video, los padres de Rita tienen cuatro hijas.   V   F

8. Según el video, Carolina es la única hija en su familia.   V   F

B. **¿Qué piensan hacer?** Read the statements below and match the weekend activity with the name of the student who said it in the video. There may be more than one possible match.

Rita	salir a comer
Ivonne	ir a discotecas para bailar
Pedro	ir al parque
Carolina	ir a la playa
Héctor	salir con amigos
Tamara	estar en mi casa
	estudiar
	ir a la fiesta de los latinoamericanos

Ampliación cultural

A. **Durante el fin de semana.** Review the list of activities from the Vocabulario list and the preceding activity and check off the activities you might do on a typical weekend. Then, work with two or three other students to add other activities to the list. Refer to your textbook if needed. Then, divide the activities into two categories: *"Actividades con mis amigos"* and *"Actividades con mi familia."* Share your observations with the class.

B. **Un árbol genealógico.** Interview a classmate or a friend about his/her family and create a complete family tree to illustrate it. Be sure to include the names, ages, and relationships of all the family members.

LECCIÓN 5

Video Activities

Ecoturismo en Venezuela

Vocabulario

Review the following words and phrases before viewing the video.

altura   height
cálidas   warm (climate)
cordillera   mountain range
de suma importancia   of great importance
ecólogos   ecologists
ganado   cattle
los llanos   plains
manglares   mangrove swamps
protegidas   protected
vaqueros   cowboys

Preparación

El mapa de Venezuela.

A.   Refer to the map of South America in your textbook and locate the following items.

    a.   Venezuela
    b.   la capital, Caracas
    c.   norte, sur, este, oeste

B.   Now watch the first portion of the video and concentrate on the descriptions of the map of Venezuela. Match the direction word in column one with the region in column two according to what you understand from the video.

norte	Caracas
sur	los llanos de Maracaibo
sureste	la cordillera de Mérida
noroeste	los llanos del Orinoco
	el Macizo de Guayana
	limita con Colombia y Brasil

Comprensión

Ecoturismo en Venezuela. Read the following statements. After watching the video, circle **V** (**Verdadero**) or **F** (**Falso**), according to what you understood. If a statement is false, correct it.

1. Hay mucha variedad en las tierras de Venezuela.   V   F

2. Venezuela está muy lejos de Miami, Florida, a más de seis horas por avión.   V   F

3. En los llanos (*plains*) de Maracaibo trabajan vaqueros (*cowboys*) con
   su ganado.   V · F

4. El ecoturismo no atrae muchos turistas a Venezuela.   V   F

5. El gobierno de Venezuela considera que la protección de la naturaleza es
   muy importante.   V   F

Ampliación cultural

Dos culturas. In pairs, discuss what you observed about ecotourism in Venezuela and what you know about ecotourism in your local area, state, or country. What are the benefits and attractions of ecotourism? Share your observations with the rest of the class.

Fiesta de despedida del año

Vocabulario

Review the words and phrases lists before viewing the video.

antes de   before
las botellas de champán   champagne bottles
feliz año nuevo   Happy New Year
los fuegos artificiales   fireworks
los gajitos de uvas   clusters, bunches of grapes
se abraza   we hug
se abre   we open
se cuenta con   we count down (to midnight) with
se dice   we say
se espera   we wait
se van comiendo   we eat

Preparación

¿Cómo se celebra…?

A.   In this video segment you will hear Miriam describe her typical New Year's Eve celebration. Get together in groups of three or four students and discuss your own family traditions for New Year's Eve. Use the following questions as a guide.

1. ¿Cómo celebran el fin de año en tu familia?

2. ¿Prefieres celebrar con tu familia o con tus amigos?

3. ¿Cuál es la celebración más importante en tu familia?

B. Comparación y contraste. After you watch the video, compare Miriam's New Year's Eve celebration with your own. How are they different? How are they similar?

Comprensión

Despedir el año con Miriam. Complete the following statements with the appropriate word or phrase.

1. Miriam celebra el fin de año (a las doce, a las dos) de la noche.

2. Miriam (come, compra) las uvas.

3. Miriam y sus amigos dicen (Feliz cumpleaños, Feliz Año Nuevo) a las doce de la noche.

4. Se abren botellas de (uvas, champán) para celebrar.

5. Hay (muchos, pocos) fuegos artificiales de noche.

Ampliación cultural

A. **¡Celebremos!** Choose an occasion, such as a birthday or another holiday and interview a classmate about their typical celebration. Ask questions to find out in detail what they usually do, where they go, what they eat or drink, and who are the people they usually celebrate with. Share your celebrations with the rest of the class.

B. **Planes para una fiesta.** In groups of three or four, plan a party for your Spanish class. Make detailed plans including the guest list, invitations, party foods and refreshments, entertainment, and time, date and place of the event. Present your party plan to the class, then make it happen!

LECCIÓN 6

Video Activities

Panamá

Vocabulario

Review the following words and phrases before viewing the video.

a poca distancia   at a short distance
los bosques lluviosos   rain forests
el centro bancario   financial center
cubre (cubrir)   covers
las fortalezas   forts
indígena   indigenous
el paraíso   paradise
el puerto   port
el punto estratégico   strategic location

Preparación

¿Cuánto saben Uds. ya? After reading the cultural notes and the map of Central America in your textbook, get together in groups of three or four students and discuss the following questions.

1. ¿Cuáles son los países que limitan con (*border*) Panamá?

2. ¿Cuál es la única vía (*method*) de comunicación que conecta el océano Pacífico con el mar Caribe? ¿Por qué es importante?

3. ¿Es un punto estratégico la ciudad de Panamá? ¿Por qué?

Comprensión

¿Verdadero o falso? Read the following statements. After watching the video, circle **V** (**Verdadero**) or **F** (**Falso**), according to what you understood. If a statement is false, correct it.

1. Hay bosques lluviosos en Panamá.   **V**   **F**

2. En Panamá hay culturas indígenas.   **V**   **F**

3. La ciudad de Panamá está en la costa del Atlántico.   **V**   **F**

4. La ciudad de Panamá no es una ciudad moderna.   **V**   **F**

5. La ciudad de Panamá fue el centro del imperio español en América
por muchos años.   V   F

6. La ciudad de Panamá tiene muchos ejemplos de arquitectura
colonial española.   V   F

Ampliación cultural

Dos culturas. Keep in mind that the Panama Canal was constructed by the United States
government in 1914, but since the year 2000 it has been run by the Panamanian government.
In small groups, discuss in Spanish any cultural differences that may have existed between the
two countries during the construction and/or during the recent transition to Panama's
administration of the Canal.

En el banco y en la oficina de correos

Vocabulario

Review the following words and phrases before viewing the video.

la compra   purchase
están repartidas   are shared
hacer cola   to wait in line
hacer los pagos   to pay the bills
no cargar tanto dinero   not to carry so much cash
los quehaceres de la casa/las tareas del hogar   household chores
sacar dinero   to take out money

Preparación

Preguntas personales. With a partner, answer the following questions based on your own
information. You will hear answers to these same questions when you watch the video. After
viewing the video, compare your answers with those you hear.

1. ¿Quiénes hacen las diligencias en su familia?

2. ¿Usas el cajero automático?

3. Cuando vas de compras, ¿prefieres pagar con cheque, con tarjeta de crédito o en efectivo?

Comprensión

A.   Mis diligencias. After watching the video, complete the statements below by checking off the
phrases that best complete the statement.

1. En las familias de los jóvenes entrevistados… _____ todos hacen las diligencias; _____ el padre

no hace nada.

2. En la familia de Juan los quehaceres de la casa se reparten entre... _____ los hermanos; _____ la madre y el padre.

3. En la familia de Olga, ella tiene la responsabilidad de... _____ la casa; _____ los aspectos financieros.

4. Muchas de las personas entrevistadas en el video prefieren pagar... _____ en efectivo; _____ con cheque.

5. Una razón por la cual se paga en efectivo es... _____ no tener cheque; _____ es más fácil.

B. **¿Entiende?** Watch carefully the video segment about Adriana Engler León, the postal worker. Select the word or phrase that best completes the following statements.

1. Hace _____ (8 meses, 8 años) que trabaja en el servicio postal mexicano.

2. Dice que _____ (no le gusta, le encanta) el trabajo en el correo.

3. Su horario de trabajo es de las 8:00 de la mañana hasta las 7:00 de la tarde _____ (de lunes a viernes, los fines de semana).

4. Los _____ (sábados, domingos) trabaja desde las 9:00 hasta la 1:00 de la tarde.

5. Un servicio que ofrece la oficina de correos es _____ (la venta de estampillas, alquiler de casas).

Ampliación cultural

Una encuesta. Take a poll of the students in your class on the question listed below. Then discuss the results with the rest of the class. What does this tell you about today's society?

Cuando vas al banco, ¿qué prefieres, hacer una transacción con un cajero (una persona) o usar el cajero automático? ¿Por qué?

LECCIÓN 7
Video Activities

Costa Rica, costa linda

Vocabulario

Review the following words and phrases before viewing the video.

los agricultores   farmers
el analfabeto   illiterate (person)
las carretas   carts
encantadoras   enchanting
el ejército   army
la especie   species
la mariposa   butterfly
el pájaro   bird
pintar   to paint
el quetzal   colorful bird of Central America and Mexico
la reserva biológica   nature reserve (park)
el tucán   toucan, another common bird of the Costa Rican rain forests
el volcán   volcano

Preparación

¿Qué saben Uds. ya? Review the cultural notes and vocabulary in your textbook and then get together in groups of three or four and answer the following questions about Costa Rica.

1. ¿Por qué van muchos turistas a Costa Rica?

2. ¿Qué saben Uds. de los parques naturales de Costa Rica?

3. ¿Les interesa visitar Costa Rica? ¿Por qué?

Comprensión

A. **¿Verdadero o falso?** Read the following statements. After watching the video and reviewing the lesson vocabulary, circle **V** (**Verdadero**) or **F** (**Falso**), according to what you understand about Costa Rica. If a statement is false, correct it.

1. Costa Rica tiene un ejército importante.   V   F

2. Costa Rica tiene el menor número de analfabetos de todos los países
    centroamericanos.   V   F

3. San Juan es la capital de Costa Rica.   **V   F**

4. Hay varios volcanes activos en Costa Rica.   **V   F**

5. El café es un producto importante para Costa Rica.   **V   F**

6. No hay muchos parques nacionales en Costa Rica.   **V   F**

7. Se pueden ver muchas mariposas y pájaros en los bosques
   costarricenses.   **V   F**

8. El quetzal es un tipo de mariposa.   **V   F**

B.   Costa Rica. Complete the following statements with the appropriate word or phrase.

1. Costa Rica es un país _____ .

2. La educación es muy _____ para los costarricenses.

3. San José es la capital y la _____ de Costa Rica.

4. La geografía de Costa Rica incluye _____ .

5. Un ejemplo de las tradiciones folklóricas de Costa Rica son las _____ pintadas
   de Sarchí.

6. Hay numerosas _____ en las reservas biológicas de Costa Rica.

Ampliación cultural

Una entrevista. Imagine that you and a partner are going to interview the following people
from Costa Rica. Make a list of at least three questions to ask each of them about their country
and their job.

1. The artisan who paints the famous **carretas pintadas de Sarchí**

2. The park ranger at Volcán Arenal National Park

3. A biologist from one of the biological reserves in Costa Rica

4. A school teacher from San José

De compras

Vocabulario

Review the following words and phrases before viewing the video.

bastante arreglada   rather well-dressed
la calidad   quality
de diario   everyday
de manga larga   long sleeved
elegir   to choose
embolados   shined, polished
estar de moda   to be in fashion

gruesas   heavy
manejamos   we handle
las marcas   brands
la mezclilla   jeans, material used for jeans
la playera   T-shirt
el saco   jacket, coat
suave   soft, light
la tela   material, cloth
los vaqueros   jeans

Preparación

A.   ¿Cómo se viste...? Answer the following questions about the clothes you wear to go to school. You will hear answers to some of these questions when you watch the video. After viewing the video, compare your answers with those you hear.

1. ¿Qué estilo (*style*) de ropa usa para ir a clase?

2. ¿Qué estilo de zapatos usa para ir a clase?

3. ¿Qué estilo de ropa usa su profesor/a para ir a clase?

4. ¿Cómo se viste cuando tiene una cita?

5. ¿Cómo se viste cuando está en casa?

B.   La ropa de moda. With a partner, answer the following questions about the latest styles of clothing. You will hear answers to some of these questions when you watch the video. After viewing the video, compare your answers with those you hear.

1. ¿Qué estilo de ropa está de moda ahora?

2. ¿Qué estilo de ropa no está de moda ahora?

3. ¿Qué estilo de ropa te gusta?

4. ¿Qué estilo de ropa no te gusta?

5. ¿Compras la ropa en los grandes almacenes o en las boutiques?

6. ¿Compras los zapatos en los grandes almacenes o en las boutiques?

Comprensión

A.   ¿Cómo se visten? Answer the following questions according to what you understood from the video. Check your answers with a partner.

1. Para ir a clase, ¿Paola usa falda o jeans?

2. ¿Leonardo usa camisas o camisetas?

3. ¿Se viste María de una manera (*manner*) informal o formal?

4. ¿Lleva Juan uniforme o ropa casual para ir a clase?

5. A Miriam, ¿le gusta más usar jeans o usar faldas?

6. ¿La mayoría (*majority*) de los estudiantes entrevistados usa ropa formal o ropa informal para ir a clase?

B. ¿Quién lo dijo? Match each statement with the name of the person who said it.

_____ 1. Utilizo (*I use*) traje (*suit*), corbata y una buena colonia (*cologne*).

_____ 2. Utilizo los zapatos bien embolados (*polished*).

_____ 3. Me visto con saco y camisa sport.

_____ 4. Uso pantalón y camisa y a veces corbata.

_____ 5. No me gusta vestirme muy sofisticado.

_____ 6. Uso pantalones de tela o una falda.

_____ 7. Casi siempre me gusta ponerme minifaldas, zapatos altos y blusas.

a. Juan

b. Paola

c. Otmara

d. Jaime

e. Leonardo

f. Pedro

C. La moda de hoy. Read the following statements. Circle **V** (**Verdadero**) or **F** (**Falso**) according to what you understood from the video. If a statement is false, correct it.

1. En Bogotá usan camisas de lana (*wool*) o sacos.	**V**	**F**
2. En España la gente va bien arreglada (*dressed up*) para ir a una cita o a una fiesta.	**V**	**F**
3. En España está de moda ir a clase con ropa formal.	**V**	**F**
4. Juan dice que los pantalones de mezclilla también se llaman "jeans".	**V**	**F**
5. Alejandro dice que los jeans y las playeras están de moda.	**V**	**F**
6. En el país de Otmara hace mucho frío.	**V**	**F**

D. De compras. Answer the following questions, according to what you understood.

1. ¿Hay muchos almacenes grandes en Nicaragua?

2. ¿Compra Juan ropa en los grandes almacenes o en las boutiques?

3. ¿Miriam prefiere comprar ropa en un almacén o en una boutique?

4. ¿En Colombia hay muchos o pocos centros comerciales?

5. ¿Cómo es la calidad de la ropa en los centros comerciales de Colombia?

6. Para una ocasión especial, ¿Otmara compra en un almacén o en una boutique?

7. ¿Otmara compra ropa de diario (*everyday*) en un almacén o en una boutique?

8. Para Alejandro, ¿es importante el precio de la ropa?

E. Entrevista. Read the following statements. After watching the video, circle **V** (**Verdadero**) or **F** (**Falso**), according to what you understood. If a statement is false, correct it.

1. En la tienda sólo venden jeans.	**V**	**F**
2. Venden sólo una marca (*brand*) de jeans.	**V**	**F**
3. A Jorge le gusta trabajar en la tienda.	**V**	**F**

4. A Jorge no le gusta el ambiente de la tienda.   **V   F**

5. Jorge hace amistad con algunos clientes.   **V   F**

6. Los artículos más populares son los Levi's.   **V   F**

Ampliación cultural

A. **Vamos de compras.** Make a list in Spanish of the new clothes you would like to buy at the local shopping center. Then in groups of three or four, compare your lists.

B. **Mi ropa favorita.** Interview a classmate about his or her favorite clothes. Use the following questions as a guide. Share your findings with the class.

1. ¿Cuál es tu ropa favorita?
2. ¿Qué ropa te gusta ponerte para salir?
3. ¿Cuál es tu ropa favorita para estar en casa?
4. ¿Qué ropa usas para ir a una fiesta?
5. ¿Cómo te vistes para ir a clase?

LECCIÓN 8

Video Activities

Lima, Perú

Vocabulario

Review the following words and phrases before viewing the video.

los aconteceres events
añadiendo adding
cabildo chapter
celosamente jealously
en medio de in the center of
hecha por made by
la herencia inheritance, legacy
los limeños natives of Lima
majestuosa majestic

la municipalidad municipality
se destacan stand out
se esconden are hidden
se hallaba was found
señorial elegant
suntuosa sumptuous, lavish
el testigo witness
los virreyes viceroys

Preparación

Lugares de Lima, Perú.

A.   In this first video segment you will see some important places in Lima, Peru. While watching the silent video, circle the places you see.

la catedral

la fuente

la casa

el supermercado

las calles

el hotel

el parque

la plaza

B. Now, watch the video with sound and put an "X" next to the places you hear the narrator identify.

la ciudad

la Plaza de Armas

la municipalidad

la catedral

la fuente

el centro Pizarro

la Plaza de San Martín

la ciudad

Comprensión

¿Verdadero o falso? Read the following statements. After watching the video, circle **V** (**Verdadero**) or **F** (**Falso**), according to what you understood.

1. Lima es una ciudad totalmente moderna.	V	F
2. Lima fue llamada "la ciudad de los virreyes".	V	F
3. Lima fue fundada por Cristóbal Colón.	V	F
4. La población de Lima es de menos de un millón de habitantes.	V	F
5. La Plaza de Armas es el centro de la Lima antigua.	V	F
6. En el centro de la plaza hay una hermosa fuente de bronce.	V	F
7. Uno de los lugares preferidos (*favorite*) por los limeños es la Plaza de San Martín.	V	F

Ampliación cultural

Comparación y contraste. Now compare a place in your area with a place you see in the video about Lima, Perú. Share your comparison with the rest of the class, using the following questions as a guide.

¿Qué tienen en común?
¿Dónde están los lugares?
¿Cómo son diferentes?
¿Cómo son similares?

La comida y hacer la compra

Vocabulario

Review the following words and phrases before viewing the video.

las comidas ya preparadas   prepared foods
confío más en…   I have more confidence in…
las cosas han cambiado   things have changed
la guayaba   guava
la mandarina   mandarin oranges
mejor calidad   better quality
los puestos   stands (in a market)
semanalmente   weekly
las verduras   vegetables
Venga. Pruebe.   Come. Try (them).

Preparación

De compras. First, review the following lists of foods. Watch the video once without sound and check off the foods you see. Then, watch the video again with sound and mark with an X the foods you hear the narrator say.

las uvas	las manzanas
las naranjas	los plátanos (los guineos)
el pescado	las papas
la lechuga	la sandía
el queso	los huevos
el chorizo	las fresas
la mantequilla	el pan

Comprensión

A.   **¿Adónde voy para comprar…?** Review the following places to shop and mark with an "X" the places that are shown in the video. Then, with a partner, make a list of the items one can purchase at each place. You may need to review the chapter vocabulary to complete this task.

la carnicería	la frutería
el mercado	la pescadería
el supermercado	la panadería
la zapatería	la farmacia

B. **Prefiero ir de compras...** Select the word or phrase that best completes the following statements.

1. Otmara siempre va _____ (al supermercado, a tiendas pequeñas).

2. Pedro va al supermercado _____ (los viernes, una vez al mes).

3. María va _____ (mucho, muy poquito) al supermercado.

4. Miriam prefiere ir al supermercado porque _____ (se encuentra de todo, es más barato).

5. Jaime va de compras al mercado cada _____ (15 días, 5 días).

6. Cerca de la casa de Jaime hay _____ (tiendas pequeñas, mercados al aire libre).

Ampliación cultural

A. **Mi lista de compras.** With a partner, make a shopping list for the food you need for a typical week at home. Be sure to decide where you will go shopping and what you need from each place.

B. **Las compras aquí y allá.** With a partner, discuss in Spanish the differences and similarities between food shopping in the area where you live and the food shopping you see in the video. Use the following questions as a guide.

¿Adónde vas de compras para la comida?
¿Con qué frecuencia vas de compras?
¿Qué tipo de tiendas hay cerca de donde vives?
¿Te interesa hacer la compra por internet? Explica.
¿Qué opinas de los servicios de compras a domicilio (*home delivery grocery shopping*)?

LECCIÓN 9

Video Activities

Santa Fe de Bogotá, Colombia

Vocabulario

Review the following words and phrases before viewing the video.

el campanario bell tower
el cerro hill
el corazón heart
la cúpula dome, cupola
imponentes imposing

interminable unending
multifacética multifaceted
el rascacielos skyscraper
el tejado roof
la torre tower

Preparación

¿Qué van a ver? Prediction activity: Review the cultural notes in your textbook as an introduction to Santa Fe de Bogotá, the capital of Colombia. With a partner try to predict what you will see in the video segment about Bogotá. The following words and phrases will help you make valid predictions. After you view the video, compare your predictions with what you saw.

el centro comercial e industrial
el sector histórico y turístico
los edificios de gobierno
el centro urbano
el oro precolombino

Comprensión

A.   **¿Entiende?** Watch carefully the video segment about Santa Fe de Bogotá. Select the word or phrase that best completes the following statements.

1. Santa Fe de Bogotá tiene _____ (seis millones, cuatro millones) de habitantes.

2. El corazón de la antigua Santa Fe de Bogotá se llama _____ (La Candelaria, Santa Fe).

3. En La Candelaria se encuentra la famosa plaza de _____ (Bolívar, San Martín).

4. En el Museo del Oro se pueden encontrar _____ (dos mil, veinte mil) piezas de oro.

5. En las joyerías y galerías de Bogotá se pueden comprar réplicas de piezas _____ (precolombinas, modernas) del museo.

B. **¿Cuál es la mejor respuesta?** Match each item from the left column with the historical landmark in Santa Fe de Bogotá listed in the right column.

los tejados	la Catedral
las torres	el Museo del Oro
la cúpula	las Torres del Parque
los campanarios	la Capilla del Sagrario
una colección de piezas precolombinas	la Iglesia de San Ignacio
los modernos rascacielos	las casas coloniales

Ampliación cultural

Lo moderno y lo antiguo. The video describes Santa Fe de Bogotá as a city with a combination of **lo moderno y lo antiguo.** Working in small groups of three or four students, find at least three examples of this contrast of modern life (**lo moderno**) and the past (**lo antiguo**) in the place you live in your hometown. Share your observations with the rest of the class.

La comida

Vocabulario

Review the following words and phrases before viewing the video.

Buen provecho.   Enjoy your meal.
el chorizo   spicy sausage
la diversidad   diversity
fresco   fresh
los frijoles   beans
la globalización   globalization
el huevo frito   fried egg
los llapingachos   Ecuadorian potato pancakes, sometimes topped with a fried egg
las verduras   vegetables

Preparación

A. **¿Qué saben Uds. ya?** Review the food vocabulary in your textbook and then get together in groups of three or four and answer the following questions about your favorite foods.

1. ¿Cuál es tu comida favorita?

2. ¿Qué te gusta comer en el desayuno? ¿en el almuerzo?

3. ¿Qué te gusta comer para cenar?

4. ¿Cuáles son las comidas típicas de esta región?

B. **¿Qué quiere comer?** Watch the video first without sound and circle the foods you see. Then watch the video with sound and put an "X" next to the places you hear the narrator identify.

la fruta

el arroz

las manzanas

los frijoles

la carne

el queso

el pescado

el huevo

el chorizo

el pan

Comprensión

La comida. Select the word or phrase that best completes each statement according to what you understand from the video.

1. En México y Centroamérica, las comidas llevan (carne, frijoles, arroz, maíz).

2. En otros países generalmente se come más (fruta, carne).

3. (No es, Es) posible encontrar mucha diversidad en las comidas de todos los países.

4. Mucha gente va a los supermercados, especialmente en (las ciudades, los pueblos).

5. Algunas personas prefieren comprar en los mercados locales porque allí todo parece más

   (fresco, típico).

6. Los llapingachos son de (México, Ecuador).

7. En muchos países hispanos se come (antes, después) de las ocho de la noche.

Ampliación cultural

Comparación y contraste. Work with a partner and choose one of the restaurant scenes in the video and compare what you see in the video to what you might see in a typical restaurant scene in your area. Describe the foods, beverages, the tables, the people, and the activity going on in the scene.

LECCIÓN 10

Video Activities

La Patagonia en Chile

Vocabulario

Review the following words and phrases before viewing the video.

bosques   forests
cataratas   waterfalls
confluyen   meet
cordillera   mountain range
el estrecho de Magallanes   Straits of Magellan
el extremo sur   the extreme southern point
glaciares   glaciers
meridional   southern
valles   valleys

Preparación

¿Cuánto saben Uds. ya? Locate a map of South America, such as the one in your textbook and answer the following questions with a partner.

1. ¿Cuál es la capital de Chile?

2. ¿Dónde está la Isla de Pascua en Chile?

3. ¿Dónde está la Patagonia?

4. ¿Cómo es la geografía de la Patagonia?

Comprensión

La Patagonia. Select the word or phrase that best completes each statement, according to what you understood.

1. La Patagonia es (un país, una región).

2. La Patagonia está en el extremo (sur, norte) de Suramérica.

3. El punto más alto de los Andes mide (*measures*) (6.600, 660) metros de altura.

4. (Chile y Argentina, Colombia y Venezuela) son países del Cono Sur.

5. Ushuaia es la (región, ciudad) más al sur del mundo, cerca de la Antártida.

Ampliación cultural

A. **Otros países, otras culturas.** With a partner, discuss in Spanish what aspect of la Patagonia appeals most to you and why. Share your observations with the rest of the class.

B. **Dos culturas.** With a partner, make a list of counterparts you can find in your state or country for each of the following places.

1. las montañas de los Andes

2. la Patagonia

3. Ushuaia

4. bosques

5. cataratas

En un hospital

Vocabulario

Review the following words and phrases before viewing the video.

el exceso de peso   too much weight
excederse   to exceed
gratuita   free
la hematología   hematology
la patología   pathology
pocos recursos   few resources, poor
el problema respiratorio   respiratory problem
el problema gastrointestinal   gastrointestinal problem
procurar   to try to get
el riesgo   risk
el seguro médico   medical insurance
la urgencia médica   medical emergency

Preparación

Expresiones útiles. Working with a partner, make a list of the words or phrases you might need to use in the following locations of a hospital or clinic. Then compare your list of medical vocabulary with the rest of the class. Be sure to include words or expressions from your own medical experiences and refer to your textbook if needed.

En una ambulancia:
En la sala de espera:
En el laboratorio:
En la clínica:

Comprensión

A. **¿Cuál es la mejor respuesta?** Select the word or phrase that best completes the following questions according to what you understand from the video.

1. ¿Cuál es la profesión del Dr. Brambilla? Es (médico y jefe de laboratorio, paciente).

2. ¿Cómo son los pacientes de la clínica del Dr. Brambilla? (Tienen pocos recursos. Son estudiantes de medicina.)

3. ¿Qué hacen los técnicos en el laboratorio? (Hacen análisis. Esperan las ambulancias.)

4. ¿Quiénes ven a los pacientes en la clínica del Dr. Brambilla? Los ven (los médicos y los alumnos de la facultad de medicina, otros pacientes).

5. ¿Qué enfermedades ven los médicos en la clínica? Ven problemas (gastrointestinales, cardíacos).

B. **Las partes del cuerpo.** Match the medical term used by Dr. Brambilla in the video in the left column with the corresponding part(s) of the body in the right column. More than one body part may match with each medical term.

los problemas respiratorios	el pecho
los problemas gastrointestinales	la boca
no fumar	el estómago
no tomar	el cuerpo entero
la alimentación	la cabeza
el aspecto psicológico	el tobillo
el exceso de peso	el brazo

Ampliación cultural

A. **Más preguntas.** With a partner write a list of five more questions you would like to ask Dr. Brambilla in the interview about his work in the clinic. You can ask him about his patients, his work hours, his typical day in the clinic, or his toughest medical emergency.

B. **Para mantenerse...** Work with a partner and interview each other to find out how each person tries to stay in good health and in good shape. Use the following question, **¿Qué haces para mantener una buena salud?**

LECCIÓN 11

Video Activities

Ecuador: país en la mitad del mundo

Vocabulario

Review the following words and phrases before viewing the video.

asombrar   to surprise
el crecimiento   growth
el cruce   cross
cuyas   whose
estar situada   to be located
la línea ecuatorial   equator
el puente   bridge
la selva   jungle
los tejidos   woven items
las zonas nevadas   snow-capped areas

Preparación

¿Qué saben Uds. de geografía? Locate Ecuador on a detailed map of South America. Then locate the equator and the cities of Quito, Otavalo and Mitad del Mundo. Work with a partner and discuss what you might be able to tell about the geography of Ecuador from the map. Then make predictions about what you might see of Ecuador's geography on the video. After viewing the video, compare your predictions with what you saw.

Comprensión

A.   **Verdadero o falso?** Read the following statements. After watching the video, circle **V** (**Verdadero**) or **F** (**Falso**), according to what you understand about Ecuador. If a statement is false, correct it.

1. La selva amazónica está en Ecuador.   **V   F**

2. La línea ecuatorial pasa por Quito, la capital.   **V   F**

3. Hay un monumento en la ciudad Mitad del Mundo que está en la
    línea ecuatorial.   **V   F**

4. Hay muchas montañas en Ecuador.   **V   F**

5. Los guardias protegen la Iglesia de San Francisco de Quito.　　　**V　F**

6. La iglesia de San Francisco de Quito es la más antigua del continente.　　**V　F**

7. Otro nombre que se usa para Ecuador es "Ecuador, Milagro Ecológico".　**V　F**

B.　¿Cuál es la mejor respuesta?　Complete the following statements with a word or phrase according to what you understand from the video.

1. En la latitud de _____ grados, _____ minutos y _____ segundos

   está la ciudad de Mitad del Mundo.

2. Tres ciudades de Ecuador que aparecen en el video son _____ , _____ y

   _____ .

3. Un edificio de estilo barroco que se encuentra en Quito es _____ .

4. Los guardias que protegen el palacio de gobierno llevan _____ .

5. El palacio de gobierno está en la Plaza _____ .

6. Las calles estrechas de Quito causan problemas de _____ .

7. La Plaza de los Ponchos está en la ciudad de _____ , donde se vende mucha

   artesanía indígena.

Ampliación cultural

Lo indígena y lo colonial.　Watch the video again and pay special attention to the examples that reflect **el pasado indígena** and **el pasado colonial** in Ecuador. Work in groups of three or four students to make a list of the contrasts between **lo indígena y lo colonial.** The following words or expressions may get you started.

la gente
la artesanía
las llamas
la arquitectura barroca
los edificios
las tradiciones
las ciudades
el campo

La salud

Vocabulario

Review the following words and phrases before viewing the video.

alimentarse   to eat
la amigdalitis   tonsilitis
asegurar   to insure
las carencias   shortages
la ficha   (insurance) card
el gabinete (la sala) de rayos equis   X-ray room
el hecho   act
los lentes, los anteojos, los espejuelos   glasses
me cayó mal   it made me sick
las medicinas, los medicamentos   medicines
mente sana en cuerpo sano   healthy mind in a healthy body
opinar   to think
las reglas   rules
los riesgos   risks
el Seguro Social, la Seguridad Social   Social Security
el tratamiento   treatment
la vista   vision, eyesight

Preparación

A.   **Mente sana en cuerpo sano.** Answer the following questions about your own healthy habits. You will hear answers to similar questions when you watch the video. After viewing the video, compare your answers with those you hear.

1. ¿Qué haces para conservar la salud?

2. ¿Cuándo fue la última vez que visitaste al médico?

3. ¿Qué tipo de comida comes?

4. ¿Qué tipo de ejercicio haces y qué deporte practicas?

B.   **La asistencia médica.** With a partner, answer the following questions about the state of healthcare in your country. You will hear answers to some of these questions when you watch the video. After viewing the video, compare your answers with those you hear.

1. ¿Qué tipo de asistencia médica hay en tu país?

2. ¿Qué opinas de la asistencia médica en tu país?

3. ¿Cómo son los médicos?

4. ¿Cómo son los hospitales?

Comprensión

A.   Para conservar la salud. Select the word or phrase that best completes each statement.

1. Alejandro hace mucho (ejercicio, alimento).

2. Otmara no come (frutas, carnes rojas).

3. Juan no (consume drogas, toma mucha agua).

4. Miriam sale a (caminar, comer) en los parques.

5. El doctor Brambilla habla de (las reglas universales, los aspectos sociales) de la salud.

B.   ¿Quién lo dijo? Match each statement with the name of the person who said it in the video.

_____ 1. Tuve hepatitis A y me hicieron exámenes médicos.   a. Miriam

_____ 2. Tuve un examen de la vista y me pusieron lentes (*eyeglasses*).   b. Jaime

_____ 3. Tuve una infección del estómago.   c. Otmara

_____ 4. Tuve amigdalitis (*tonsilitis*) y el médico me dio tratamiento   d. Alejandro
            (*treatment*).

C.   Verdadero o falso? Read the following statements. Circle **V** (**Verdadero**) or **F** (**Falso**) according to what you understood from the video. If a statement is false, correct it.

1. La gente trabajadora no recibe asistencia médica en El Salvador.	**V**	**F**
2. En el país de Otmara, el Seguro Social es para la gente que trabaja.	**V**	**F**
3. En el país de Otmara, el Seguro Social no incluye las medicinas.	**V**	**F**
4. En el país de María, sólo las personas que trabajan tienen Seguridad Social.	**V**	**F**
5. Según Leonardo, los hospitales de su país son muy malos.	**V**	**F**
6. Según Juan, la gente pobre necesita asistencia médica en Nicaragua.	**V**	**F**
7. Según la doctora González, la preparación de los médicos en su país es buena.	**V**	**F**
8. En la clínica donde trabaja la doctora González, hay carencia (*shortages*) de médicos.	**V**	**F**

Ampliación cultural

A.   Para conservar mejor la salud. Make a list in Spanish of the things you need to do to get in better shape. Assign deadlines by which to accomplish the items on your list. Then in groups of three or four, compare your lists. Determine who has the most healthy lifestyle now, and who will have the healthiest lifestyle after accomplishing their lists.

B.   Cuando fui al médico... Interview a classmate about the last time he or she visited the doctor's office. Use the following questions as a guide.

¿Cuándo fue la última vez que visitaste al médico?
¿Por qué fuiste al médico?
¿Fuiste a la sala de emergencia, al consultorio del médico o a una clínica?

LECCIÓN 12

Video Activities

Buenos Aires, Argentina

Vocabulario

Review the following words and phrases before viewing the video.

las amplias avenidas   wide avenues
anchas   wide
el barrio   neighborhood
los bulevares   boulevards
colaborar   collaborate
descansar   to rest
el diseño   design
los gustos   likes
la vida nocturna   nightlife

Preparación

A.   **¿Cuánto saben Uds. ya?**   After reading the **Notas culturales,** get together in groups of three or four students and answer the following questions based on what you know about Argentina.

1.   ¿Cuál es la capital de Argentina? ¿Cómo es esta ciudad?

2.   ¿Cuáles son los grupos de inmigrantes que hoy en día (*nowadays*) viven en Argentina?

3.   ¿Qué tipo de música y baile es popular en Argentina?

Comprensión

A.   **Buenos Aires, Argentina.**   After viewing the video, complete the following statements according to what you understood.

1.   Buenos Aires ha sido llamada "el _____ de Suramérica."

2.   Los inmigrantes de Buenos Aires son ingleses, _____ , griegos, _____ ,

     españoles y sobre todo _____ .

3. La Avenida Nueve de Julio es una de las avenidas más _____ del mundo.

4. Muchos _____ viven en el barrio de La Boca.

5. El género musical más conocido (*famous*) de Argentina es _____ .

Ampliación cultural

Otros países, otras culturas. The video briefly describes **"el sabor europeo"** of Buenos Aires. With a partner, discuss in Spanish the role various European immigrants played in establishing the city of Buenos Aires with its unique customs and traditions. Can you compare or contrast this multi-cultural exchange with another region of the world? Share your observations with the rest of the class.

De viaje

Vocabulario

Review the following words and phrases before viewing the video.

algún día   someday
una buena labor de venta   a good sale
los cruceros   cruise ships
me gustaría   I would like
la plaza comercial   shopping district, mall
soñamos con   we dream about
todo lo que tenga que ver con   everything that has to do with
la ubicación   location

Preparación

¿Viajas mucho? Interview a partner about his/her travel experience using the following questions. Then with the rest of the class, list on the board all the countries visited by students in your class.

¿Qué países conoces?
¿Qué idiomas hablas?
¿Cuáles son tus sitios favoritos para visitar?
¿Qué países quieres conocer en el futuro?

Comprensión

A.   **Muchos países.** Look at the following list of countries. As you watch the video, check off the countries you hear mentioned when the students answer the question, **¿Qué países conoces?** Determine which countries were mentioned most. Then, compare the list of countries visited by the students interviewed on the video to the list of countries visited by your classmates (from the previous **Preparación** activity).

_____ Argentina	_____ Estados Unidos	_____ Perú
_____ Bolivia	_____ Francia	_____ Portugal
_____ Brasil	_____ Grecia	_____ República Dominicana
_____ Canadá	_____ Irlanda	_____ Suiza
_____ Chile	_____ Israel	_____ Turquía
_____ Colombia	_____ Marruecos	_____ Uruguay
_____ Egipto	_____ México	_____ Venezuela
_____ España	_____ Paraguay	

B. **¿Cuál es la mejor respuesta?** Answer the following questions according to what you understand from the video.

1. ¿Cuál es la profesión de Olivia Macías?
2. ¿Cuáles son las nacionalidades de los clientes de Olivia Macías?
3. ¿Qué tipo de servicios ofrecen en la agencia de viajes?
4. ¿Por qué es importante para el trabajo de Olivia Macías hablar inglés?
5. ¿Por qué es importante que Olivia Macías viaje y conozca otros lugares?

Ampliación cultural

Soy agente de viajes. Play the role of a travel agent in your town or city and answer the following questions about the area around you and about your country. Your objective is to promote foreign tourism in your area.

1. ¿Cuáles son los lugares de interés más importantes en su pueblo o ciudad?
2. ¿Cuáles son sus sitios favoritos en la ciudad o el estado donde vive?
3. ¿Cuáles son los sitios de los Estados Unidos que todos los extranjeros deben visitar?

Lección 12, Video Manual **289**

LECCIÓN 13

Video Activities

Paraguay

Vocabulario

Review the following words and phrases before viewing the video.

atravesar   to go across
las cataratas   waterfalls
compartir   to share
la labor conjunta   joint effort
la fuente de energía   energy source
el gigante dormido   sleeping giant
primordial   important
el recorrido   trip, route
la represa   dam
represada   dammed up
suroriental   southeast
el tratado bilateral   bilateral treaty
una vía   outlet, route

Preparación

Las aguas de Paraguay. Take a look at the map of Paraguay in the **Notas culturales** section and the larger map of South America in the inside of your textbook. Locate the following places in and around Paraguay. What is unique about Paraguay's geography and location?

el mar
el río Paraguay
el río Paraná
las cataratas de Iguazú
las fronteras con Argentina y Brasil
la vía hacia el mar

Comprensión

¿Verdadero o falso? Read the following statements. After watching the video, circle **V** (**Verdadero**) or **F** (**Falso**), according to what you understood. If a statement is false, correct it.

1. La capital de Paraguay es Montevideo.   V   F
2. Paraguay significa "aguas que corren hacia el mar".   V   F
3. El río Paraguay divide el país en cuatro regiones.   V   F
4. Paraguay tiene varias salidas al mar.   V   F
5. Itaipú es la planta hidroeléctrica más grande del mundo.   V   F
6. Las cataratas (*waterfalls*) de Iguazú están a pocos kilómetros de la frontera entre Paraguay y Brasil.   V   F

Ampliación cultural

Los ríos de Paraguay. For a country without a direct border with the ocean, water is very important to Paraguay. Watch the video again and make a list of the water scenes you see. With a partner, compare the list of what you see with what you learned in the previous **Preparación** activity. Discuss the importance of water in its different forms for Paraguay. Can you think of a region in your own country that is similar? How is it similar? How is it different?

De vacaciones

Vocabulario

Review the following words and phrases before viewing the video.

apreciar   appreciate, enjoy
compartí con   I shared with
de regreso   on the return trip
darme la vuelta   to take a trip, to pass through
no cansa tanto   doesn't wear you out so much
queda demasiado lejos   is located too far away
me fascinó   (it) fascinated me
los parientes   relatives
la vía de transporte   method of transportation

Preparación

Las vacaciones. Interview a partner about his/her vacations. Then pool the class results and list all the vacation destinations and activities on the board. Try to determine the most popular vacation destinations and activities for your class. Use the following questions as a guide.

¿Cómo pasaste las vacaciones este año?
¿Adónde fuiste de vacaciones este año?
¿Qué planes tienes para las próximas vacaciones?

Comprensión

A. **¿Verdadero o falso?** Read the following statements. After watching the video, select **V** (**Verdadero**) or **F** (**Falso**), according to what you understand about the vacation plans of the students. If a statement is false, correct it.

1. La mayoría de los estudiantes entrevistados no fueron a visitar a sus familias. **V** **F**
2. Tamara fue a la playa. **V** **F**
3. John fue de vacaciones a los Estados Unidos. **V** **F**
4. Zaida fue a Guatemala para visitar a su familia. **V** **F**
5. Para estas vacaciones Milka va a Bolivia. **V** **F**
6. Carolina quiere viajar por el sur de México. **V** **F**
7. Carolina va a viajar con su familia por la costa. **V** **F**
8. Los estudiantes entrevistados prefieren viajar en autobús. **V** **F**

Now review the video again and compare the different vacation plans of the students. Which vacation interests you the most? Which interests you the least?

B. **¿Cuál es la mejor respuesta?** Select the word or phrase that best completes the following questions according to what you understand from the video.

1. Algunos estudiantes (pasaron las vacaciones en su país, tomaron clases de verano).
2. A Gustavo le gustó mucho visitar (Buenos Aires, Madrid).
3. Por lo general los estudiantes piensan que si el viaje es largo, es mejor viajar en (avión, autobús).
4. A Pablo le gusta más (Paraguay, Argentina, España).
5. Ángela viajó a (Canadá y los Estados Unidos, México).
6. A Leonardo le gustó mucho (el Medio Oriente, Chile).

Now answer the following questions about the places visited by students.

¿Conoce alguno de los lugares nombrados en los planes de vacaciones en el video? Si no, ¿cuál le gustaría conocer? ¿Por qué?

Ampliación cultural

Mis planes para un viaje. Think back to all the places in the Spanish-speaking world you have seen in the *¡Hola, amigos!* Video. Work with a partner to make plans for a trip to one of the locations you saw on the video. Use the following questions to help you make plans for the trip.

De los lugares que viste en el video, ¿cuál te gustó más? ¿Por qué?
¿Qué medio de transporte prefieres usar para viajar a este lugar?
¿Cuáles son las ciudades que quieres visitar?
¿Qué cosas quieres hacer en el viaje?
¿Con quién quieres viajar?

LECCIÓN 14

Video Activities

Madrid: ciudad sin igual

Vocabulario

Review the following words and phrases before viewing the video.

el conjunto   (musical) group
dar una vuelta   to take a trip around, to take a ride
de fama mundial   world famous
frenético   frenetic, very busy
la fuente   fountain
juguetón   playful
el madrileño   a person from Madrid
saboreando   enjoying the taste

Preparación

Temas para investigar. Before viewing the video, work with a partner to research on the internet one of the Madrid landmarks listed below. Prepare a brief presentation for the class. After viewing the video, compare what you learned from your research with what you saw on the video.

el Palacio Real
la Plaza Mayor
el Museo del Prado
el Centro de Arte Reina Sofía
el Parque del Retiro

Comprensión

A.   **¿Cuál es la mejor respuesta?** Select the word or phrase that best completes the following sentences according to what you understand from the video.

1. Los madrileños (adoran Madrid, prefieren otras ciudades).

2. En la Puerta del Sol se puede (tomar un autobús o el metro, ver las obras de Picasso).

3. En Madrid hay museos de fama (nacional, mundial).

4. En Madrid se puede saborear (una deliciosa paella, unas deliciosas frutas).

B. **Los monumentos de Madrid.** Match the names from the right column that correspond with the monuments or places in Madrid from the left column according to what you understand from the video. More than one match is possible. Then give a brief description of at least 3 of the places you see on the video.

una estación de tren	Neptuno
fuentes	Centro de Arte Reina Sofía
museos	El Prado
una estación de metro	la Puerta del Sol
estatuas	la Puerta de Atocha
un parque	Felipe IV
una plaza	la Cibeles
	el (Buen) Retiro
	Cristobal Colón

Ampliación cultural

Mi pueblo lo tiene todo... Review the end of the video segment about Madrid and pay close attention to the last comment: **Madrid lo tiene todo: nuevo, viejo, joven, serio y juguetón.** The video describes Madrid using these five adjectives with five associated images. Using this statement about Madrid as a model, work with a partner to describe a location of your choice (your university town or your hometown) using four or five Spanish adjectives with corresponding images or places. Share your descriptions with the rest of your class.

Recuerdos del pasado

Vocabulario

Review the following words and phrases before viewing the video.

el concurso nacional de teatro   national theater contest
la doméstica   maid
dirigir   to direct
ganar un premio   to win a prize
haber participado   to have participated
las hamacas (chinchorros *in Venezuela*)   hammocks
nos ayudábamos   we helped each other
la obra de teatro   play, drama
pasábamos trabajos   we struggled
prender cerillos   to light matches
el ruido   noise
la soledad   solitude
tener adónde ir   to have somewhere to go
valorar   to value

Preparación

Recuerdos... Work with a partner and interview each other about a special memory from your past. Use the following questions to guide your interview. You will hear speakers answer these questions on the video. Compare your own answer with those you see on the video.

¿Cómo fue tu niñez?
¿Cuál es uno de los momentos más importantes de tu vida?
Describe una memoria especial de tu niñez.
¿Prefieres vivir en el campo o en la ciudad? Explica.

Comprensión

¿Cuál es la mejor respuesta? After viewing each of the four video clips in this segment, select the word or phrase that best completes each statement according to what you understood.

Rosalía

1. La familia de Rosalía era (rica, pobre).

2. Su niñez fue bonita y (difícil, fácil).

3. Las personas en su familia eran muy (difíciles, alegres).

Tamara

4. Tamara habla de su participación en un concurso de (arte, teatro).

5. Tamara (sólo escribió, escribió y dirigió) la obra de teatro.

6. Ganó un premio (nacional, internacional) en el concurso.

Zaida

7. Tenía (seis, tres) años cuando ocurrió el suceso que ella describe.

8. Adoraba a su (abuelo paterno, abuela paterna).

9. Se acostaba con su abuelo en (el sofá, una hamaca).

10. En Venezuela se les llaman **"chinchorros"** a (las sillas, las hamacas).

Ángela

11. Ángela prefiere vivir en (la ciudad, el campo).

12. A ella le gusta estar con (mucha, poca) gente.

13. Según Ángela hay (más, menos) sitios para visitar en la ciudad.

Ampliación cultural

Mis vacaciones típicas. Describe your typical family vacation from when you were a child. Use the following questions as a guide. Compare your vacations with those of the rest of the class.

¿Iban Ud. y su familia de vacaciones durante los veranos?

¿Pasaban los días de vacaciones en el campo o en la ciudad?

¿Adónde le gusta ir cuando quiere apreciar la naturaleza?

¿Acampa frecuentemente? ¿Adónde va?

¿Prefiere dormir en una tienda de campaña o en un hotel?

¿Qué deportes practica cuando está de vacaciones?

Answer Keys

Answers to Workbook Activities

Lección 1

A. un / una / un / una / unas / unos / unas / una / unos / unos / unas

B. los / las / la / el / el / la

C. 1. yo 2. usted 3. ellos 4. ellas
5. ella 6. nosotros 7. ustedes 8. tú
9. él 10. nosotras

D. soy / somos / es / son / es
Yo soy... y soy de... *Answers will vary.*

E. *Answers will vary.* 1. La mujer es española.
2. El chico es trabajador. 3. Los
profesores son ingleses. 4. Las chicas
son simpáticas. 5. La lección es difícil.
6. El escritorio es marrón. 7. Los
bolígrafos son azules.

F. 1. ese-eme-i-te-hache 2. erre-a-ene-
de- a-ele-ele 3. efe-o-equis 4. be-u-
de-ge-e 5. doble ve-e-ese-ele-e-i griega
6. jota-a-ce-ka-ese-o-ene

G. 1. tres 2. siete 3. cinco 4. cuatro
5. seis 6. nueve 7. ocho 8. diez

H. 1. Buenos días. / Bien, gracias, ¿y Ud.? /
Adiós. 2. ¿Cómo se llama Ud.? (¿Cómo te
llamas tú?) / Mucho gusto. 3. ¿Cómo se
dice "*see you tomorrow*"? / ¿Qué quiere
decir "puerta"? 4. ¿Cómo es Adela?
5. ¿De dónde son ustedes?

I. 1. el borrador 2. la pizarra 3. la luz
4. el escritorio 5. el cuaderno 6. el
cesto de papeles 7. el estudiante 8. la
mochila 9. el papel 10. la tablilla de
anuncios

J. **Crucigrama**

HORIZONTAL: 1. buenas 5. alumna
6. hasta 7. llama 9. mexicana
11. universidad 14. dice 15. bolígrafo
17. quiere 18. Habana 20. blanco

VERTICAL: 2. estudiante 3. compañera
4. silla 8. ventanas 10. norteamericanos
12. delgada 13. computadoras
16. muchacha 19. amarillo

K. 1. i 2. a 3. f 4. b 5. c 6. g 7. d
8. j 9. e 10. h

L. 1. La profesora es la doctora Luisa Vidal.
2. La profesora es de La Habana, Cuba.
3. Hay once estudiantes en la clase.
4. La clase es por la noche. 5. No, Lupe
no es de Cuba; es de México. 6. No, John
no es mexicano; es norteamericano.
7. Hoy es lunes. 8. Hay una ventana en
la clase.

Para leer: 1. La doctora Irene Santillana es
de Madrid. 2. No, es profesora. 3. Es
inteligente y muy simpática. 4. María Inés
es mexicana. 5. María Inés es de Puebla.
6. El señor José Armando Vidal es cubano.
7. Es de La Habana. 8. No, no es profesor;
es estudiante. 9. Es alto, delgado y guapo.

Para escribir: *Answers will vary.*

Sobre la cultura hispana: 1. a 2. b 3. b
4. a 5. b 6. b

Lección 2

A. conversamos / tomamos / trabajo /
trabaja / habla / estudian / toman / deseo /
necesito / terminas / terminamos

B. 1. ____ ¿Habla español él? Él no habla
español. 2. Eva es profesora. ¿Es Eva
profesora? ____ 3. Desean leche. ____ No
desean leche. 4. Ana necesita el horario.
¿Necesita Ana el horario? ____ 5. ¿Es
estudiante Tito? Tito no es estudiante.
6. ____ ¿Trabaja Luis hoy? Luis no trabaja
hoy. 7. Estudiamos sociología. ____ No
estudiamos sociología. 8. Nora es cubana.
¿Es cubana Nora? ____.

C. 1. Elsa toma jugo de naranja porque no
desea tomar jugo de tomate. 2. Nosotros
tomamos una taza de té porque no
deseamos tomar café. 3. Ellos toman un
vaso de leche porque no desean tomar té
helado. 4. Tú tomas una copa de vino
blanco porque no deseas tomar vino tinto.
5. Ud. toma una botella de agua mineral
porque no desea tomar cerveza.

D. 1. mis / sus / tus 2. sus / nuestras
3. nuestra / su 4. sus / ella / él

E. 1. Sí, (yo) necesito hablar con mis
compañeros de clase. 2. Sí, (nosotros)
deseamos estudiar en nuestra casa.
3. Sí, el profesor necesita mi cuaderno.

4. Sí, (nosotros) estudiamos con nuestros compañeros de cuarto.   **5.** Sí, nuestras profesoras son de Madrid.   **6.** Sí, Ud. (tú) necesita(s) hablar con sus (tus) profesores hoy.   **7.** Sí, la profesora habla con sus estudiantes.   **8.** Sí, Ud. necesita hablar con sus estudiantes hoy.

F. 1. El / la / el   2. la / los   3. La / los / las   4. el / el / la   5. La / los

G. 1. setenta   2. cien   3. ochenta y cuatro   4. quince   5. ciento doce   6. treinta y ocho   7. catorce   8. dieciséis   9. ciento cuarenta   10. veintinueve   11. cincuenta   12. sesenta y siete

H. 1. La clase de física es a las nueve y media de la mañana.   2. La clase de biología es a la una y veinte de la tarde.   3. La clase de historia es a las ocho menos cuarto de la noche.   4. La clase de inglés es a las ocho y diez de la noche.   5. La clase de química es a las tres y cuarto de la tarde.   6. La clase de informática es a las once de la mañana.

I. martes, miércoles, jueves, viernes, sábado, domingo
Matemáticas: lunes, miércoles, viernes
Español: lunes, martes, miércoles, jueves, viernes
Música: sábado
Historia: martes, jueves
Biología: jueves, viernes
Literatura: martes, sábado

J. 1. el primero de marzo   2. el quince de enero   3. el treinta de noviembre   4. el veinte de junio   5. el catorce de diciembre   6. el diez de agosto   7. el once de febrero   8. el veinticinco de abril

K. 1. primavera   2. otoño   3. verano   4. invierno

L. Crucigrama
HORIZONTAL: 3. horario   6. termina   9. asignatura   11. noche   12. leche   13. vaso   15. tarde   16. español   17. Dónde   18. copa   19. matemáticas   22. inglés   24. jugo   25. tinto   26. número   27. ojos
VERTICAL: 1. frío   2. conversar   4. laboratorio   5. botella   7. cerveza

8. biblioteca   10. taza   14. tomamos   20. argentino   21. hielo   23. cuarto

M. 1. fácil / semestre / políticas / administración / también / aula   2. deseas / caliente / vaso / hora

N. 1. Hoy es martes. Es el quince de septiembre.   2. Toma café. A las siete de la mañana.   3. Toma cuatro clases.   4. La química tiene laboratorio.   5. Tiene examen en la clase de matemáticas.   6. Usa la computadora en la clase de informática.   7. Conversa con Lidia.   8. Trabaja tres horas.   9. Estudia en la biblioteca. Estudia con César.   10. Toma contabilidad.

Para leer: 1. No, estudian en San Diego, California.   2. Roberto no trabaja este semestre.   3. Toma química, historia, inglés, biología, sociología y literatura.   4. Toma tres clases.   5. Toma física, administración de empresas y psicología.   6. Roberto toma literatura este semestre.   7. Conversan en la cafetería.   8. Roberto toma (una taza de) café y Ana toma (un vaso de) leche.   9. No trabaja porque toma muchas asignaturas.   10. Toma solamente tres clases porque trabaja en el laboratorio de lenguas y en la biblioteca.

Para escribir: *Answers will vary.*

Sobre la cultura hispana: 1. Los Ángeles fue fundada en 1771 por los españoles.   2. Después de la guerra México-Americana.   3. Es Cruz Bustamante   4. El año escolar dura nueve meses.   5. Se toman en la escuela secundaria.   6. Se usan números.   7. Sí, en general, las universidades son gratis.   8. No, generalmente estudian con un compañero o en grupos.

Lección 3

A. vivimos / corremos / comemos / bebemos / debo / debe / sacudo / barre

B. 1. los hijos de /   2. Los padres de Luis /   3. la casa de Oscar /   4. las camisas de Luisito   5. los abuelos de

C. 1. tienes / tengo   2. viene / vienen   3. tienen / tenemos   4. vienes / vengo   5. tiene   6. vienen / venimos

D. 1. No tengo sed   2. tengo calor   3. tengo hambre   4. tengo frío   5. No tengo sueño

E. 1. esta / este / estas / estos   2. ese / esa / esas / esos   3. aquella / aquellas / aquel / aquellos

F. 1. Marta gana mil cuatrocientos dólares por mes.   2. Rogelio gana dos mil doscientos dólares por mes.   3. Lucía gana novecientos dólares por mes.   4. Ernesto gana mil setecientos dólares por mes.   5. Olga gana cuatro mil ochocientos dólares por mes.

G. Crucigrama
HORIZONTAL: 1. mesa   4. pasar   6. beber   7. cafetera   9. ocupado   11. tintorería   13. abuelos   14. colador   16. aceite   17. rato   18. escoba   19. refrigerador   20. sacudir   21. cacerola

VERTICAL: 1. media   2. secadora   3. Miami   4. partido   5. recámara   8. puerta   10. césped   11. tazón   12. plancha   15. licuadora   20. sacar

H. 1. e   2. g   3. d   4. h   5. f   6. i   7. b   8. j   9. a   10. c

I. Oscar pone la mesa.   2. El juego de béisbol es a las ocho y media.   3. Hay cuatro platos en la mesa.   4. Juan pasa la aspiradora.   5. Nora vive en la calle Lima.   6. Sara sacude los muebles.   7. Marcos tiene veintisiete años.   8. Eva plancha una camisa.   9. Pablo viene a las dos menos cuarto.   10. Sí, Eva tiene prisa.

Para leer: 1. Los padres de Álvaro vienen a las ocho de la noche.   2. Tiene que sacudir los muebles.   3. Tiene que planchar su camisa verde.   4. Graciela llega a su casa a las seis.   5. Tiene que trabajar hasta las cinco y media.   6. Rosita tiene que pasar la aspiradora y poner la mesa.   7. Carlitos tiene que cortar el césped.   8. Tiene que lavar los platos.   9. Hay sándwiches en el refrigerador.   10. Es a las tres de la tarde.

Para escribir: *Answers will vary.*

Sobre la cultura hispana: 1. turístico, comercial   2. nicaragüenses / argentinos   3. Puerto Rico / República Dominicana   4. fútbol   5. trabajos de la casa

Lección 4

A. 1. Uds. salen a las seis y yo salgo a las ocho.   2. Ella conduce un Ford y yo conduzco un Toyota.   3. Él trae las frutas y yo traigo los refrescos.   4. Ellos hacen los sándwiches y yo hago la tortilla.   5. Yo pongo la mesa por la mañana y tú pones la mesa por la noche.

B. 1. Yo conozco a Marisol Vega.   2. Teresa sabe mi número de teléfono   3. Nosotros conocemos Puerto Rico.   4. Carlos sabe el poema de memoria.   5. Tú sabes nadar.   6. Ellos conocen las novelas de Cervantes.   7. Uds. saben dónde vive Mauricio.

C. 1. conoces a / tiene   2. llevas a / llevo a   3. llevar   4. conocen / conocemos   5. llevar

D. del / de la / al / a la / a la / a las / de la / al / del

E. 1. da / vas / voy / está / Está   2. está / Está / va / están   3. dan / damos / das / doy

F. *Answers will vary. Possible answers:* 1. Va a beber el refresco.   2. Vamos a comer los sándwiches.   3. Vas a nadar.   4. Va a escribir.   5. Van a bailar.

G. Crucigrama
HORIZONTAL: 1. actividades   4. planear   5. hermana   7. queso   8. abuelo   9. tío   10. algo   14. camarero   15. bailan   17. sabe   19. invitada   20. suegra   21. madre   22. patinar   24. refresco   25. yerno

VERTICAL: 2. concierto   3. fruta   4. pareja   6. nieto   9. teatro   11. ganas   12. cansado(a)   13. estadio   16. Adónde   18. esposa   22. prima   23. aprendemos

H. 1. hacer / ir / nadar / jugar / ganas   2. Esta / aire / fiesta / dar / visitar /

I. 1. Va a jugar al tenis a las ocho (de la mañana) con Julio.   2. Va a estar con Ana y con Eva.   3. A las tres va a ir al club y a nadar.   4. Va a ir al concierto con Julio a las nueve (de la noche).   5. El sábado a las nueve va a ir a patinar con Olga.   6. Eva, Silvia y Rosa van al cine con Nora.   7. El jefe de Julio da una fiesta.

8. Nora va a ir al parque de diversiones el domingo a las nueve (de la mañana).
9. Va al teatro con Julio y sus padres.
10. Julio es el novio de Nora.

Para leer: 1. Tienen que ir a una fiesta.
2. El jefe de Rosaura da la fiesta. 3. Va a una discoteca. 4. Sí, tiene novia. 5. Es enorme.
6. Van al estadio. 7. Van a la iglesia. 8. Los padres de su esposo están invitados a comer.

Para escribir: *Answers will vary.*

Sobre la cultura hispana: 1. a 2. b 3. a
4. b 5. b

Lección 5

A. (*Possible answers*) 1. Estoy nadando.
2. Está estudiando. 3. Estás bailando.
4. Estamos hablando. 5. Están comiendo. 6. Está trabajando.

B. 1. ¿Qué hora es? 2. ¿Ud. es cubano, Sr. Díaz? 3. ¿Dónde está tu novio? 4. ¿Tu hermano es alto? 5. ¿Qué está leyendo, Srta. Peña? 6. ¿Dónde es la fiesta?
7. ¿Tu mamá (madre) es profesora?
8. ¿La silla es de plástico? 9. ¿Crees que Andrea está linda (bonita) hoy?
10. ¿Estás cansado?

C. 1. ¿Dónde está Ana? 2. ¿De dónde eres tú (es usted)? 3. ¿El disco compacto es de Pedro? 4. ¿Cómo es Verónica?
5. ¿Estás ocupada? (¿Está usted ocupada?)
6. ¿La mesa es de metal? 7. ¿Qué día es hoy? 8. ¿Qué están haciendo Sandra y Carlos?

D. (*Possibilities*) 1. Empieza (Comienza) / quieres 2. queremos / quieren / piensan
3. entiendo / entiendes 4. cierra / pensamos / piensas

E. 1. más bajo que / más alto que / el más alto / el más bajo 2. menor que / mayor que / la menor / la mayor / tan - como /
3. mejor que / peor que / el mejor / el peor

F. 1. Yo tengo tantos libros como Roberto.
2. Nosotros trabajamos tanto como ustedes. 3. El restaurante Azteca tiene tantas mesas como el restaurante Versalles. 4. Paquito toma tanta leche como Carlitos. 5. Ernesto bebe tanto café como Julia.

G. 1. Yo voy contigo. 2. Ellos conversan con nosotros. 3. Tú eres para mí.
4. Tú bailas con él. 5. Yo hablo de ti.

H. Crucigrama

HORIZONTAL: 5. norteamericanos
8. empezar 11. hermosa 12. estatura
13. nocturno 15. casete 17. joven
18. magnífico 20. partido 21. montar
22. bajo

VERTICAL: 1. capital 2. pelo
3. toca 4. fiesta 6. bebida 7. museo
9. reproductor 10. menor 14. riquísimo
16. enfermo 19. diversiones

I. 1. d 2. e 3. h 4. b 5. j 6. a 7. i
8. g 9. f 10. c

J. 1. Los estudiantes están en la biblioteca.
2. Prefieren tener otras actividades.
3. Jorge tiene ganas de nadar (ir a nadar).
4. Lucía quiere estar en la playa. 5. Quiere estar con Daniel. 6. Sí, yo creo que Daniel es rico. 7. Graciela piensa ir a patinar.
8. Pablo tiene mucho sueño. 9. Quiere dormir. 10. Víctor quiere ir al estadio.
11. Quiere ver un partido de béisbol.
12. Piensa ir a una fiesta. 13. Comienza a las nueve. 14. Va a bailar.

Para leer: 1. Tú eres de Caracas, Venezuela.
2. Estela Ruiz es tu novia. 3. Ella es de Honduras. 4. Ella vive en San Juan.
5. Uds. piensan dar una fiesta de bienvenida.
6. Llega de México. 7. Llega el próximo jueves. 8. Sí, es una chica muy inteligente.
9. No, no es bonita pero es muy simpática.
10. No, es morena. Sus ojos son verdes.
11. Piensan llevar a Irma a la playa.
12. Los tres van a ir a un club nocturno.

Para escribir: *Answers will vary.*

Sobre la cultura hispana: 1. Venecia
2. norte 3. petróleo 4. Ángel 5. Caracas
6. pobreza 7. caribeña 8. Miami

Lección 6

A. puedes / puedo / volvemos / recuerdas / encuentro / cuesta / recuerdo / podemos

B. 1. Tú sirves té. 2. Ellos piden tamales.
3. Mirta consigue libros en italiano.
4. Mario dice que la clase es difícil.
5. Uds. siguen en la clase de química.

C. 1. te llamo   2. lo pido   3. la llevamos
4. los (las) necesitamos   5. me conoce
6. los compro   7. nos llaman   8. van
(vamos), lo / lo van (vamos)

D. puedes traerlo / llamarte / verlo /
llevarnos / hacerlo / llamarme

E. 1. No quiero ni café ni té.   2. No, no
quiero comer nada.   3. No, no voy a salir
con nadie hoy.   4. No, nunca bailo salsa.
5. No, no tengo ningún amigo panameño.
6. No, nunca los veo en el verano.

F. 1. Hace una hora que estoy en la cola.
2. Hace siete años que vivimos aquí.
3. Hace veinte minutos que estamos
estudiando.
4. Hace cinco meses que conozco a Julio.
5. Hace cinco días que no veo a mis padres.

G. Crucigrama

HORIZONTAL: 2. cheque   6. talonario
7. encuentra   8. gente   9. oficina
10. navegar   13. ventanilla   15. fechar
16. préstamo   19. manda   20. servirle
21. cola   22. diligencias   25. caja
28. aérea   29. solicitar   30. saldo

VERTICAL: 1. giro   3. estampilla
4. tarjeta   5. pedir   11. archivan
12. mensajes   14. empleado   17. ahorros
18. cualquier   23. importa   24. cajero
25. cartas   26. ahorrar   27. sucursal

H. ahorrar / cuenta / depositar / pagamos /
ciento / parte / cuestan / central / otras /
información

I. 1. Se llama Banco de Asunción. Está en la
calle Palma.   2. No, no hay que pagar
nada por las cuentas corrientes; son gratis.
3. Si abren su cuenta antes del 30 de
marzo, no tienen que pagar durante los
primeros seis meses.   4. No es necesario
pagar por los cheques.   5. No hay que
mantener un saldo mínimo.   6. Es
posible llamar al banco las 24 horas del día,
los 7 días de la semana.   7. Sí, es posible
depositar dinero los sábados porque el
banco abre los sábados.   8. Sí, el banco
tiene sucursales.   9. No, no tienen que
pagar por la llamada.   10. Requiere un
depósito mínimo de 100.000 guaraníes.

Para leer: 1. Está en Asunción.   2. Abre a
las nueve y cierra a las tres.   3. No, no puede

ir porque el banco no abre los sábados.   4.
Paga un interés del cinco por ciento.   5. No,
no va a perder el interés.   6. Sí, es una buena
idea porque paga un buen interés.   7. Sí,
paga el tres por ciento.   8. Debe depositar un
mínimo de quinientos mil guaraníes.

Para escribir: *Answers will vary.*

Sobre la cultura hispana: 1. El istmo de
Panamá.   2. Además del español, se habla el
inglés.   3. Está asociada con las operaciones
del Canal.   4. Tiene tres esclusas.   5. El
balboa.   6. El euro   7. No, no es fácil abrir
una cuenta corriente.

Lección 7

A. 2. ____, trabajaste, trabajó, ____,
trabajaron   3. cerré, cerraste, ____,
cerramos, cerraron   4. empecé, ____,
empezó, empezamos, empezaron
5. llegué, llegaste, llegó, ____, llegaron
6. busqué, buscaste, buscó, buscamos,
____   8. bebí, bebiste, ____, bebimos,
bebieron   9. ____, volviste, volvió,
volvimos, volvieron   10. leí, leíste, ____,
leímos, leyeron   11. ____, creíste, creyó,
creímos, creyeron   13. escribí, ____,
escribió, escribimos, escribieron
14. recibí, recibiste, recibió, ____,
recibieron   15. abrí, abriste, ____,
abrimos, abrieron

B. 1. Ayer volvió a su casa a las siete.
2. Ayer comencé a trabajar a las siete.
3. Ayer leyeron *People*.   4. Ayer
empezaron a estudiar a las nueve.
5. Ayer llegué a casa tarde.   6. Ayer
comió en su casa.   7. Ayer saqué la
basura por la noche.   8. Ayer compraste
manzanas.

C. —¿Adónde fuiste?
—Fui a la fiesta que dio Sergio.
—¿Susana fue contigo?
—No. Oye, ¿tú diste una fiesta el sábado?
—Yo di una fiesta, pero no fue el sábado.
—El doctor Vargas y la doctora Torres,
¿fueron a tu fiesta?
—Sí, ellos fueron mis profesores.

D. 1. Papá me compró zapatos.   2. Mamá te
compró una cartera.   3. Yo les compré
camisas a mis hermanos.   4. Mis padres
nos compraron billeteras.   5. Mi abuela

le compró una blusa a mi hermana.
6. Nosotros les compramos guantes a ustedes.

E. 1. te mandaron / me mandaron   2. le escribes / le escribo   3. les habla / nos habla   4. le dio   5. les pagaste / les pagué

F. 3. ____ gusta la blusa.   4. ____ gustan ____   5. Le gusta el vestido.   6. ____ gusta el (la) dependiente(a).   7. ____ la tienda.   8. Les gusta trabajar y estudiar.   9. Me gusta esta camisa.   10. Le gusta ir de compras.   11. Nos gustan esas sandalias.

G. 1. A mis padres les gusta más comprar en esa tienda.   2. A mi hermano le gustan más los pantalones grises.   3. A mí me gusta más ir de compras los sábados.   4. ¿A ti te gustan más las botas blancas?   5. A nosotros nos gusta más salir temprano.   6. ¿A Uds. les gusta más la cartera roja?

H. 1. Papá se levantó temprano.   2. Mis hermanos se afeitaron en el baño.   3. Yo me bañé por la mañana.   4. Nosotros nos sentamos a comer en la cocina.   5. Tú te probaste la falda nueva.   6. Mamá se despertó tarde.   7. Uds. se lavaron la cabeza.   8. Todos nosotros nos acostamos a las diez.

I. **Crucigrama**

HORIZONTAL: 3. compras   5. bufanda   6. izquierda   8. vestido   10. vestirse   11. liquidación   13. levantarse   16. probador   17. pijama   18. cabeza   21. blusa   22. temprano   23. sombrero   24. caballeros

VERTICAL: 1. mudarnos   2. calzoncillo   4. ayer   7. zapatería   9. tamaño   12. cartera   14. estrecho   15. aprietan   19. abrigo   20. camisón

J. 1. i   2. f   3. a   4. d   5. c   6. j   7. e   8. g   9. h   10. b

K. 1. Se va a probar un vestido.   2. Sí, está en liquidación.   3. Da un descuento del cincuenta por ciento.   4. Le quiere comprar una camisa y una corbata.   5. Rosa quiere comprar ropa interior.   6. Lleva una cartera (un bolso).   7. Calza el número nueve.   8. No, no le van a

quedar bien.   9. Le van a quedar chicos.   10. Sí, creo que las botas son de buena calidad.   11. No, no piensa comprar las botas.   12. Se llama La Elegancia.

Para leer: 1. Piensa levantarse temprano.
2. Va a bañarse, afeitarse y vestirse.
3. Quiere salir temprano para ir de compras.
4. No, no va a desayunar en su casa.
5. Quiere estar en la tienda a las ocho.
6. Quiere ir a la tienda La Época porque tienen una gran liquidación.   7. Va a comprar un traje, dos camisas, un pantalón y dos o tres corbatas.   8. Tiene que ir al departamento de señoras.   9. Quiere comprarle una blusa y una falda.   10. No le gusta nada.

Sobre la cultura hispana: 1. b   2. a   3. a   4. b   5. a

Lección 8

A. 1. ____: traduje, tradujiste, ____, tradujimos, tradujeron   2. ____: traje, ____, trajo, trajimos, trajeron   3. tener: ____, tuviste, tuvo, tuvimos, ____   4. poner: puse, pusiste, ____, pusimos, ____   5. ____: supe, ____,supo, supimos, supieron   6. hacer: ____, hiciste, hizo, ____, hicieron   7. querer: quise, quisiste, ____, quisimos,   8. conducir: conduje, ____, condujo, ____, condujeron   9. ____: estuve, estuviste, ____, estuvimos, estuvieron   10. decir: ____, dijiste, dijo, ____, dijeron   11. poder: ____, ____,pudo, pudimos, pudieron   12. venir: vine, viniste, ____, vinimos, ____

B. 1. vinieron / trajeron / puse   2. pudo / tuvo / Estuvo   3. dijeron / quisieron   4. vino / Condujo

C. 2. ____ me lo das.   3. Yo ____ lo doy.   4. Nosotros(-as) se lo ____.   5. Ellos(-as) nos lo dan.   6. Yo se lo doy.   7. ____ se lo das.

D. 1. Mamá nos las compra.   2. Mamá te la compra.   3. Mamá se lo compra.   4. Mamá me los compra.   5. Mamá se lo compra.   6. Mamá se las compra.

E. 1. Sí, te lo traje.   2. Sí, nos los dieron.   3. Sí, se lo di.   4. Sí, me la compraron.   5. Sí, me la trajeron.   6. Sí, se las vendieron.   7. Sí, te la limpié.   8. Sí, nos la prepararon.

F. 1. Ellas pidieron tacos. 2. Lola sirvió cerveza. 3. Ellas no se divirtieron. 4. Marisol durmió en casa de una amiga. 5. Ellas se vistieron de rojo.

G. 1. Él vino a verme. Me pidió dinero y yo se lo di. 2. Los chicos se divirtieron mucho, pero después tuvieron que trabajar. 3. Ellos trajeron las cartas, las tradujeron y las pusieron en el escritorio. 4. Ella estuvo en la fiesta. ¿Qué hizo él? 5. Nosotros hicimos el café y ellos lo sirvieron. 6. Ella no pudo venir hoy, pero no les dijo nada. 7. Muchas personas murieron en accidentes. 8. Teresa no consiguió trabajo, pero siguió buscando.

H. Mi familia y yo vivíamos en Lima. Mi padre trabajaba para la compañía Reyes y mi madre enseñaba en la universidad. Era una profesora excelente. Todos los veranos mi familia y yo íbamos a Arequipa a ver a nuestros tíos y siempre nos divertíamos mucho. Mis abuelos vivían en Chile y no los veíamos mucho, pero siempre les escribíamos o los llamábamos por teléfono.

I. 1. frecuentemente / raramente
2. generalmente / normalmente
3. lenta y claramente

J. Crucigrama

HORIZONTAL: 2. cereal 3. mariscos 5. gambas 8. carnicería 9. papa 11. chuletas 13. mantequilla 15. gastaba 16. farmacia 18. huevos 22. detergente 23. azúcar 24. plátano 25. ají 26. perro 27. docena 28. revistas 29. tiempo 31. darse

VERTICAL: 1. jabón 2. cebolla 4. comida 6. panadería 7. lechuga 10. apio 12. zanahoria 14. libre 17. anoche 19. vegetales 20. semana 21. durazno 26. pastel 29. torta 30. pescados

K. frutas / naranjas / manzanas / Chuletas / ternera / langosta / cangrejos / criada / dejó / crédito

L. 1. Se llama Liborio. Está en Los Ángeles. 2. Puedo comprar bananas, manzanas y naranjas. 3. Por una libra de bananas debo pagar 33 centavos. 4. Puedo comprar pollo y pavo asado. 5. En la pescadería puedo comprar sardinitas y debo pagar 99 centavos por cada libra. 6. Están rebajados los tomates, las zanahorias y las cebollas. Las zanahorias cuestan 99 centavos por cuatro libras, los tomates tres libras por 99 centavos y las cebollas seis libras por 99 centavos. 7. Duran siete días (una semana). 8. Están rebajados los bolillos mexicanos. 9. Aceptan MasterCard, Visa, American Express y Discover.

Para leer: 1. Invitó a comer a unos amigos. 2. Por la mañana fue al mercado. 3. La cena estuvo magnífica. 4. Sí, costó mucho dinero preparar la cena. 5. Para hacer la torta usó harina, leche, huevos, chocolate, mantequilla y azúcar. 6. Preparó una ensalada de frutas. 7. Le puso naranjas, uvas, peras, bananas y otras frutas. 8. Sí, puedo decirles dos ingredientes de la paella: pollo y mariscos. 9. Sabemos que la paella estuvo buena porque les gustó mucho a sus invitados. 10. Los amigos de Antonio trajeron el vino. 11. Fueron a ver un partido de básquetbol.

Para escribir: *Answers will vary.*

Sobre la cultura hispana: 1. La capital de Perú es Lima. 2. Era español. 3. La capital de los incas era Cuzco. 4. Las ruinas de Machu Picchu. 5. las carnicerías / las pescaderías y las panaderías. 6. Generalmente las personas mayores viven en casa de un pariente.

Lección 9

A. por (e) /para (j) / para (f) / por (d) / para (i) / por (a) / para (h) / por (c) / por (b) / para (g)

B. 1. para Lucía. 2. por la ventana 3. por el pasaje 4. por teléfono 5. por la mañana 6. por el tráfico 7. por dos meses 8. por avión 9. para hablar con Ud. 10. para mañana

C. *Answers will vary. Possible answers:*
1. Llueve mucho. 2. Hace mucho frío. 3. Hace mucho calor. 4. Hace frío y hay niebla. 5. Hace mucho viento.

D. 1. (a) celebraron 2. (f-d) éramos / íbamos 3. (f) Eran 4. (a-a) fui / comí 5. (a-e) tomó / tenía 6. (g) querías

7. (c-a) iba / vi   8. (c) estaba /   9. (h-h) hacía / estaba   10. (b) dolió   11. (a) te divertiste   12. (c-a) estaba / llegó

E. 1. era niña / vivían / iban   2. hablaba / le hablaban   3. Eran / llegó   4. me dijo / necesitaba   5. Hacía frío / salió

F. Hace veinte minutos que llegamos / Hace seis horas que desayuné / Hablé con ella hace dos días / hace un mes

G. 1. los nuestros   2. la suya   3. las mías   4. el suyo   5. la tuya   6. el mío   7. la nuestra   8. los tuyos

H. **Crucigrama**
HORIZONTAL: 2. puré   4. vacaciones   6. platillos   7. chico   11. desayunar   13. especialidad   15. cuchara   16. servilletas   18. frío   19. mermelada   20. trozo

VERTICAL: 1. temprano   2. postre   3. riquísimo   5. pimienta   7. cumpleaños   8. pedido   9. campo   10. cuchillo   12. bodas   14. cocina   17. fritas

I. 1. b   2. i   3. d   4. h   5. f   6. e   7. a   8. j   9. c   10. g

J. 1. Están en el restaurante La Preferida.   2. La especialidad de la casa es cordero asado.   3. Creo que es un restaurante caro.   4. No, no va a pedir la especialidad de la casa.   5. Prefiere comer biftec y langosta.   6. Quiere comer papa al horno.   7. Quiere comer pescado y ensalada.   8. Va a pedir pastel.   9. Toman vino.   10. Están celebrando su aniversario.   11. Creo que van a ir al teatro.   12. Creo que son ricos.

Para leer: 1. La capital de Colombia es Bogotá.   2. Es muy moderna, pero también tiene edificios coloniales.   3. Van a alquilar un apartamento.   4. Dijo que iba a mandarle un cheque.   5. Van a poder estar en Isla Margarita por dos o tres días.   6. No, porque comió muchísimo.   7. No, no volvieron hasta la madrugada.   8. Sí, nieva mucho en Denver.   9. Debe tomar el próximo avión a Bogotá.   10. Les manda saludos a los padres de Amanda.

Para escribir: *Answers will vary.*

Sobre la cultura hispana: 1. Bogotá 2. montañas   3. Avianca   4. esmeraldas 5. leche / mantequilla   6. nueve / noche 7. uniforme   8. típicos / internacional

Lección 10

A. 1. vendado   2. hablar   3. hecho 4. recibir   5. escrito   6. comer 7. muerto   8. decir   9. abierto 10. romper   11. vuelto   12. cerrar 13. puesto 14. beber 15. visto 16. leer

B. 1. pagado   2. roto   3. escritas 4. vendada   5. hechas   6. enyesada 7. abierta   8. muertos   9. dormida 10. cerrada

C. 1. Marisol se ha caído.   2. Se ha roto una pierna.   3. La han llevado al hospital en una ambulancia.   4. El médico la ha visto y le ha dicho que le van a hacer una radiografía.   5. La enfermera la ha llevado a la sala de rayos X.   6. Le han hecho una radiografía.   7. El médico le ha enyesado la pierna.   8. El médico le ha puesto una inyección para el dolor. 9. Nosotros la hemos llevado a su casa. 10. Yo he llamado a sus padres y les he dicho que Marisol quiere verlos.

D. 1. había puesto / había desinfectado 2. habían llamado / habían venido / habían vuelto   3. habíamos ido 4. había enyesado   5. habías traído 6. había hablado / había pasado

E. 2. deje, dejen   3. ____, coman   4. beba, beban   6. abra, abran   8. ponga, pongan   10. atienda, atiendan 12. vuelva, vuelvan   14. sirva, sirvan 15. ____, vayan   16. sea, ____   17. ____, estén

F. 1. véndela   2. úselas para caminar 3. no las tome por la noche   4. páguelo 5. désela al médico, no la deje en el escritorio   6. no se la ponga ahora 7. enyésela   8. pídalo para el lunes

G. **Crucigrama**
HORIZONTAL: 5. parezco   8. ambulancia 10. enyesar   11. autobús   12. roto 13. dedos   15. fractura   18. brazo 20. inyección   23. corazón

26. emergencia 28. fracturarse
30. segundos 31. ahora

VERTICAL: 1. cara 2. caminar
3. desmayarse 4. boca 6. parado
7. muletas 9. vendar 10. escalera
14. rayos 16. tobillo 17. radiografía
19. automóvil 21. espalda 22. rodilla
24. seguro 25. recetar 27. estómago
29. turno

H. accidente / chocó / paramédicos /
hospital / herida / antitetánica / dolía /
pastillas / fractura / siento

I. Se llama Hospital San Lucas. 2. Está
situado en la Avenida Valdivia No. 578.
3. Puede ver a varios especialistas:
cirujanos, cardiólogos, pediatras,
ortopédicos y ginecólogos. 4. Sí, porque
tienen laboratorios y sala de rayos X.
5. Sí, puede ir porque el hospital tiene
una sala de emergencia totalmente
equipada. 6. Pueden transportarlo en
una ambulancia. El hospital tiene servicio
de ambulancias las 24 horas del día.
7. Sí, lo aceptan porque el hospital acepta
todo tipo de seguros. 8. Sí, el hospital
San Lucas tiene servicio de enfermeras a
domicilio. 9. No, porque en el hospital
hay un amplio espacio de estacionamiento.
10. Debe llamar al 67-75-89 o al 67-54-39.

Para leer: 1. Isabel le escribe a Marta.
2. No va a poder ir a la playa porque ayer
tuvo un accidente. 3. Isabel se cayó en la
escalera. 4. Se fracturó una pierna.
5. Isabel pensaba que sólo tenía torcido el
tobillo. 6. La llevaron a la sala de rayos X.
7. Supo que tenía la pierna rota. 8. Va a
tener que usar muletas. 9. Va a tener que
usarlas por tres semanas. 10. Isabel espera
ver a Marta pronto.

Para escribir: *Answers will vary.*

Sobre la cultura hispana: 1. b 2. b 3. a
4. b 5. a

Lección 11

A. 2. espere, esperes, espere, esperemos,
esperen 4. beba, bebas, beba, bebamos,
beban 6. reciba, recibas, reciba,
recibamos, reciban 7. ____, hagas, haga,
hagamos, hagan 8. diga, ____, diga,

digamos, digan 9. cierre, cierres, ____,
cerremos, cierren 10. vuelva, vuelvas,
vuelva, ____, vuelvan 11. sugiera,
sugieras, sugiera, sugiramos, ____
12. duerma, duermas, duerma, ____
duerman 13. sienta, sientas, sienta,
sintamos, ____ 14. ____, comiences,
comience, comencemos, comiencen
15. empiece, empieces, empiece,
empecemos, empiecen 16. dé, ____, dé,
demos, den 17. esté, estés, ____,
estemos, estén 18. vaya, vayas, vaya,
____, vayan 19. sea, seas, sea, seamos,
____ 20. ____, sepas, sepa, sepamos,
sepan

B. 2. Yo quiero que ____ aprendas. 3. ____
quieres que él salga. 4. Ella quiere que
nosotros ____. 5. Nosotros queremos
que ____ venga. 6. ____ quieren que
ellos lean. 7. Ellos quieren que ____ se
mejoren. 8. ____ quieren que nosotros
estudiemos. 9. Ellos quieren que
nosotros ____. 10. ____ quiere que
nosotros durmamos. 11. Yo quiero que
____ esperes. 12. Ellas quieren que ____
comiencen (empiecen). 13. Ella quiere
que él trabaje. 14. Nosotros queremos
que ellas vayan.

C. 1. No quieren que nosotros le pongamos
gotas. 2. Deseamos que ellos vayan a la
sala de emergencia. 3. Dígale a él que
pida la receta. 4. Te sugiero que traigas
el jarabe. 5. Él quiere que ella sea su
médica. 6. ¿Tú quieres que yo compre
las pastillas? 7. Yo le aconsejo a Ud. que
tome penicilina. 8. Papá sugiere que
Uds. estén en el consultorio a las cinco.

D. 1. Temo que tenga pulmonía. 2. Me
alegro de que no sean alérgicos a la
penicilina. 3. Siento que tengas una
infección en el oído. 4. Temo que
tengamos que recetarle penicilina.
5. Espero que Elsa se sienta bien.
6. Esperan que María y yo podamos ir
pronto. 7. Me alegro de que Ud. no
tenga gripe. 8. Él espera que el doctor
lo examine.

E. 1. vayas / sigas / ir / hagas / estés
2. tomes / compres / poder / pasemos /
mejores 3. puedas / tengas / conocer

F. l. a / a / a / a / a / en / a / de   2. a / de / de / de   3. en / de   4. a / a / en / a

G. Crucigrama

HORIZONTAL: 1. grave   3. catarro
6. temperatura   8. farmacéutico
9. consultorio   11. ginecólogo
12. madrugada   15. descansar
16. cardiólogo   20. pediatra   22. gotas
23. jarabe   24. infección

VERTICAL: 2. embarazada   4. entre
5. penicilina   7. preocuparse
10. receta   13. aspirina   14. antiácido
17. dermatólogo   18. oculista
19. sedante   21. algodón

H. 1. j 2. f 3. a 4. e 5. h 6. c 7. i
8. g 9. b 10. d

I. 1. Delia tiene catarro.   2. Delia tiene una temperatura de 102 grados.   3. Va a tener que tomar dos aspirinas.   4. No quiere que le ponga una inyección.   5. Le duele el oído.   6. Quiere que el médico le recete unas gotas para la nariz.   7. Creo que le va a recetar un antibiótico (penicilina).
8. Lo lleva a la sala de rayos X.   9. Le van a hacer una radiografía.   10. Sara está embarazada.   11. Es alérgica a la penicilina.   12. Le duele la cabeza.
13. Puede tomar aspirinas. No, no es alérgico a ninguna medicina.   14. Están en la sala de emergencia.

Para leer: 1. Se sintió muy mal toda la noche.
2. Le dolían los oídos y la cabeza.   3. Tomó dos aspirinas para la fiebre.   4. Porque todavía tiene fiebre.   5. Le dijo que tenía una infección en los oídos.   6. Porque tenía una infección.   7. No es alérgica a ninguna medicina.   8. Le recetó penicilina para la infección y unas gotas para el dolor de oídos.
9. Eran más de las ocho cuando Rosaura salió del consultorio del médico.   10. Las farmacias cierran a las ocho.

Para escribir: *Answers will vary.*

Sobre la cultura hispana: 1. Está situada en la ladera del volcán Pichincha, a más de 9.000 pies de altura sobre el nivel del mar.   2. Es templado y agradable.
3. Corresponde al estilo barroco español.
4. El primer país latinoamericano que le concedió el voto a la mujer fue Ecuador.

5. Se pueden comprar diferentes clases de hierbas, raíces y polvos vegetales.

Lección 12

A. *Answers will vary. Likely responses:*
1. Vamos a un restaurante donde sirven comida mexicana.   2. ¿Hay algún restaurante donde sirvan comida mexicana?   3. Tengo una empleada que habla inglés.   4. Necesito un empleado que hable inglés.   5. Tengo una amiga que es de Cuba.   6. No conozco a nadie que sea de Chile.

B. 1. pueda / trabaja   2. salga / sale
3. tengan / tienen   4. incluya / incluyen
5. sea / son

C. 1. No, no hay nadie en mi familia que conozca Colombia.   2. Sí, conozco a dos chicas que son de México.   3. No, no hay nadie en la clase que sea de Perú.   4. No, yo tengo un empleado que habla español.
5. No, no hay nada que Ud. pueda hacer por mí.

D. 1. viaja / no viajes   2. come / no comas
3. escribe / no escribas   4. hazlo / no lo hagas   5. ven / no vengas   6. báñate / no te bañes   7. vístete / no te vistas   8. duérmete / no te duermas   9. ponlo / no lo pongas   10. ve / no vayas   11. sé / no seas   12. dámelas / no me las des
13. levántate / no te levantes   14. ten / no tengas   15. sal / no salgas   16. díselo / no se lo digas

E. Ve / tráeme / Pregunta / Ven / llama / Dile / le digas / haz / Ponle / le pongas

F. 1. se enamoró de / ella no se casó con   2. insisten en / no se dan cuenta de
3. comprometerme con / se van a alegrar de   4. acordarte de/ me olvido de
5. no confiara en / convinimos en

G. 1. pero / sino   2. pero / sino   3. pero / pero / sino

H. Crucigrama

HORIZONTAL: 1. maletín   4. pasillo
7. pasaporte   9. semana   10. buen
11. agencia   12. aeropuerto   14. incluye
15. vuelta   17. acompañada
22. crucero   24. salida   25. irnos
27. asiento   28. veranear

VERTICAL: 1. muestra 2. viaje
3. comprobantes 5. llamada 6. visa
8. cancelar 9. subir 11. aerolíneas
13. pasaje 16. escala 18. pasajero
19. dentro 20. exceso 21. lista
23. regla 26. tarjeta

I. Acuérdate / vuelo / cambiar / transbordar
/ agente / documentos / lugares / cambio
/ sino / ventanilla

J. 1. Se llama Aero-California. 2. Tiene
tres vuelos diarios. 3. No, el vuelo es sin
escala. 4. Es el más avanzado. 5. Usa
jets DC-9 6. Cuesta 399 dólares 7.
Dura una hora. 8. Debe llamar al
teléfono 207-13-92. 9. No, no están
incluidos. 10. No, no va a pagar 399
dólares porque esa tarifa es sólo hasta el
15 de diciembre.

Para leer: 1. Son las más completas y
baratas. 2. Nadie da mejores precios que
Ameritur. 3. El pasaje en avión, el hotel y la
transportación en España están incluidos en
el precio de la excursión. 4. No, tiene varios
tipos de excursiones: en primera clase y en
clase turista. 5. Es más barato viajar entre
semana. 6. Recibo un descuento de un
cinco por ciento. 7. Ud. va a visitar Granada,
Sevilla, Córdoba y la playa de Marbella.
8. Puede pedir informes a su agencia de
viajes. 9. Debe llamar al teléfono 976-5409.

Para escribir: *Answers will vary.*

Sobre la cultura hispana: 1. grande
2. europeo 3. porteñas 4. soltera
5. bancos / hoteles

Lección 13

A. 1. que podamos conseguir una habitación
doble. 2. que el cuarto tenga aire
acondicionado. 3. que sirvan comida
hasta las once. 4. que el gerente nos dé
dos llaves. 5. que el precio incluya el
desayuno. 6. que el precio del hotel sea
muy bueno. 7. que debamos desocupar
el cuarto a las doce. 8. que Alina quiera
ir a Bariloche contigo.

B. 1. cuando venga el dueño, me va a dar la
llave. 2. hasta que llegue. 3. ella me
va a servir el almuerzo en cuanto llegue.
4. Roberto va a comprar los libros tan

pronto como reciba el dinero. 5. ella me
va a hablar en cuanto me vea. 6. Teresa
se va a ir a su casa en cuanto termine.

C. 1. quieras / prefiera / deseen 2. llegue /
vengan / salgas 3. pueda / los leamos /
los tenga 4. me lleven / vengas / traiga

D. 1. es / sea 2. tiene / sean 3. tenga
4. veas 5. llego 6. sirvan / está
7. llames 8. vamos 9. se despierten
10. llegamos

E. 1. Quedémonos por dos semanas.
2. Hospedémonos en el hotel Guaraní.
3. Hablemos con el dueño. 4. Comamos
en el cuarto. 5. Pidámosela al gerente.
6. Dejémoslas en la caja de seguridad.
7. Acostémonos temprano.
8. Levantémonos tarde. 9. Vamos a la
tienda. 10. Compremos ropa.

F. 1. ¿Qué es el guaraní? 2. ¿Cuál es el
número de teléfono del hotel? 3. ¿Cuál
es la dirección? 4. ¿Qué es la *chipa*?

G. Crucigrama

HORIZONTAL: 1. disponible 4. ducha
6. seguridad 9. comedor
11. habitación 13. hospedarse
14. vista 15. película 16. dueño
18. acondicionado 20. mediodía
21. calefacción 22. bañadera
23. puesto 24. elevador

VERTICAL: 2. privado 3. llave
5. caliente 7. identificación 8. jardín
10. como 12. tiempo 16. desayuno
17. ocupada 18. almuerzo
19. desocupar

H. 1. g 2. c 3. h 4. f 5. j 6. i
7. b 8. e 9. a 10. d

I. 1. Va a la agencia de viajes Turamérica.
2. Quiere viajar a Lima. 3. Quiere viajar
el sábado. 4. Quiere un pasaje de ida y
vuelta. 5. Reserva un asiento de
ventanilla. 6. Reserva el asiento en la
sección de no fumar. 7. Sí, incluye el
hotel. 8. Héctor se hospeda en un hotel.
9. El cuarto tiene baño privado con
ducha. No tiene televisor. 10. Cobran
doscientos cincuenta soles por noche.
11. Va a estar dos semanas en Lima.
12. No, no tuvo que pagar exceso de
equipaje. Tiene solamente una maleta.

Para leer: 1. Sí, creo que está en la playa porque tiene habitaciones con vista al mar. 2. No, no va a tener calor porque las habitaciones tienen aire acondicionado. 3. Cobran 3.200 pesos. 4. Debe pagar dos mil pesos. 5. Van a pagar 5.200 en total. 6. Sí, puede comerla en el hotel Fiesta. 7. Sí, sirven comida internacional. 8. La pensión Rivas es más barata. 9. Paga 3.000 pesos. 10. No tiene que pagar extra por las comidas. El precio incluye todas las comidas.

Para escribir: *Answers will vary.*

Sobre la cultura hispana: 1. b 2. a 3. b 4. b 5. a

Lección 14

A. 1. ayudaré, ayudarás, ayudará, ayudaremos, ayudarán 2. ____, dirás, dirá, diremos, dirán 3. haré, ____, hará, haremos, harán 4. querré, querrás, ____, querremos, querrán 5. sabré, sabrás, sabrá, ____, sabrán 6. podré, podrás, podrá, podremos, ____ 7. ____, saldrás, saldrá, saldremos, saldrán 8. Pondré, ____, pondrá, pondremos, pondrán 9. vendré, vendrás, ____, vendremos, vendrán 10. tendré, tendrás, tendrá ____, tendrán 11. iré, irás, irá, iremos, ____

B. tendremos / estaremos / Será / podré / irás / saldremos / sabré / diré / vendrá / traerá / harás / vendré

C. 1. Yo acamparía el próximo domingo. 2. Tú le comprarías una bolsa de dormir. 3. Ester haría surfing. 4. Nosotros saldríamos a las diez. 5. Ellos dirían que no 6. Uds. irían de caza. 7. Ud. vendría el sábado. 8. Sergio pondría la bolsa de dormir en la tienda de campaña.

D. 2. ____, cerraras, cerrara, cerráramos, cerraran 3. volviera, volvieras, ____, volviéramos, ____ 4. pidiera, ____, pidiera, pidiéramos, ____ 5. durmiera, durmieras, durmiera, ____, durmieran 6. fuera, fueras, ____, fuéramos, ____ 7. diera, dieras, diera, ____, dieran 8. estuviera, estuvieras, ____, estuviéramos, estuvieran 9. dijera, ____, dijera, dijéramos, ____ 10. viniera, vinieras, ____, ____, vinieran 11. quisiera, quisieras, ____, quisiéramos, quisieran 12. ____, fueras, fuera, fuéramos, ____ 13. tuviera, ____, tuviera, tuviéramos, tuvieran 14. condujera, condujeras, ____ condujéramos, ____ 15. pusiera, ____, pusiera, ____, pusieran 16. hiciera, hicieras, hiciera, hiciéramos, ____ 17. supiera, ____, supiera, supiéramos, supieran

E. 1. que los invitara a mi apartamento. 2. que los llevaras a acampar 3. que quisiera dormir en el cuarto de huéspedes. 4. que pudieras matar dos pájaros de un tiro. 5. que Elsa supiera hacer esquí acuático. 6. que no nos mudáramos todavía. 7. de que fueras mi vecina 8. que conociera a los parientes de Eva 9. en que yo viniera a visitarlos 10. para que armaran la tienda de campaña

F. 1. si tengo tiempo 2. si tuviéramos botas 3. si puede 4. si fueras a acampar 5. si les gustaran las actividades al aire libre 6. si tú me ayudas. 7. si supiera remar.

G. **Crucigrama**
HORIZONTAL: 3. madrastra 4. río 6. hacer 7. cazar 8. bisabuela 10. campaña 12. pescar 13. alquilar 14. montañas 19. parientes 20. apartamento 23. lago 25. próximo 26. tomar

VERTICAL: 1. supuesto 2. aburrida 3. mudar 5. bicicleta 6. huéspedes 9. dormir 11. hermanastro 15. acuático 16. pájaros 17. vecino 18. media 21. estar 22. somos 24. como

H. invitaron / acampar / campaña / bolsas / pesca / caña / canoa / par / hacer / bucear

I. 1. Deben venir a España. 2. Porque en España encuentra magníficas oportunidades para disfrutar de la naturaleza. 3. Son bellas y naturales. 4. Se puede nadar en las piscinas de los hoteles. 5. Se puede acampar en el llano o en la montaña 6. Se puede aprender a montar a caballo. 7. En el mar, en los ríos y en los lagos. Sí, se pueden cazar aves y otros animales. 8. Puedo practicar el fútbol y el tenis.

Para leer: 1. Hace una semana que están en Barcelona. 2. Le encantaría que pudieran conversar. 3. Fueron a acampar cerca de un lago en Gerona. 4. Montaron en bicicleta, hicieron una caminata y nadaron. 5. Fueron de pesca. 6. Fue con Estela. Tomó el sol. 7. Se quedarían en Barcelona dos semanas más. 8. Van a empezar a trabajar el 30 de agosto. 9. Va a llamar a Amelia.

Para escribir: *Answers will vary.*

Sobre la cultura hispana: 1. Es famosa por sus museos, sus plazas y sus jardines. 2. La Puerta del Sol es el centro tradicional de la ciudad. 3. El más famoso es el Museo del Prado. 4. No, también hay obras de otros pintores europeos. 5. Barcelona es la capital de Cataluña. 6. Hablan dos idiomas: español y catalán. 7. El Templo de la Sagrada Familia. 8. Generalmente se reúnen en un café al aire libre.

Answers to Laboratory Manual Dictations

Lección 1

1. ¿Cómo se llama usted? 2. El gusto es mío. 3. El escritorio es marrón. 4. ¿Qué hay de nuevo? 5. Ella es una chica alta y delgada.

Lección 2

A. 1. 89 2. 22 3. 56 4. 45 5. 15 6. 37 7. 72 8. 61 9. 50 10. 100 11. 17 12. 94

B. 1. ¿Qué asignatura toman ustedes? 2. Ana estudia en la biblioteca. 3. Nosotros trabajamos en el laboratorio de lenguas. 4. Necesito el horario de clases. 5. Rita es rubia de ojos verdes.

Lección 3

1. Tienen muchas cosas que hacer. 2. Hoy es un día muy ocupado. 3. Tengo que llevar la ropa a la tintorería. 4. Primero debes sacar la basura y barrer. 5. Luis sacude los muebles del dormitorio.

Lección 4

1. Esta noche estamos invitados a ir al teatro. 2. Hoy ella va al cine con su novio. 3. Vamos a la piscina y después vamos al concierto. 4. Planean varias actividades para el fin de semana. 5. ¿Por qué no vamos a la fiesta un rato?

Lección 5

1. Luis da una fiesta de bienvenida. 2. ¿Tú vas a llevar tus cintas?

3. Elsa tiene pelo negro y ojos castaños. 4. Es muy inteligente y muy simpática. 5. Están tocando una salsa.

Lección 6

1. Quiero mandar las cartas por vía aérea. 2. ¿Cuánto cuesta enviar un giro postal a México? 3. Está comprando estampillas y pidiendo información. 4. Alicia no encuentra el talonario de cheques. 5. Necesito estampillas para tres tarjetas postales.

Lección 7

1. La tienda tiene una gran liquidación hoy. 2. Necesito ropa interior y pantimedias. 3. Los zapatos me aprietan un poco pero me gustan mucho. 4. Voy a probarme este vestido y esta falda. 5. Le damos un veinte por ciento de descuento.

Lección 8

1. Necesitamos mantequilla y azúcar. 2. Compramos lejía, detergente y jabón. 3. Tenemos que ir a la carnicería y a la pescadería. 4. Tuve que comprar zanahorias y cebollas. 5. La semana pasada gastamos mucho dinero.

Lección 9

1. Después de cenar, siguieron hablando un rato. 2. Ahora están en el café de un hotel internacional. 3. ¿Por qué no comes huevos con tocino o chorizo? 4. Yo no veía mucho a mi abuela porque

ella vivía en el campo.   5. Víctor pagó la cuenta y le dejó una buena propina al mozo.

Lección 10

1. Él se cayó en la escalera de su casa.
2. La llevaron en una ambulancia.
3. Ella se ha torcido el tobillo.   4. Me duele la herida del brazo.   5. Vamos a tener que enyesarle la pierna.

Lección 11

1. Alicia se divirtió mucho ayer.
2. El farmacéutico le dio penicilina para la fiebre.   3. Ella no está embarazada.
4. Hay una farmacia en la esquina.
5. Ella no se durmió hasta las dos de la madrugada.

Lección 12

1. Espero no tener que pagar exceso de equipaje.   2. En ese vuelo no tiene que trasbordar.   3. Quiero que me reserve un asiento de ventanilla.   4. Le sugiero que vaya en ese vuelo.   5. No hay nadie que pueda irse de vacaciones ahora.

Lección 13

1. Primero dejemos tus joyas en la caja de seguridad del hotel.   2. Como no tienen reservación, hablan con el gerente para pedir una habitación.   3. Vamos a un restaurante y comamos algo antes de subir a la habitación.   4. Cuando vayamos a Montevideo, tratemos de encontrar otra pensión como ésta.   5. Queremos una habitación con baño privado, aire acondicionado y una cama doble.

Lección 14

1. A mí me gustaría nadar, tomar el sol y bucear.   2. Tú hablas como si nunca fuéramos a verlos.   3. No cabemos todos en el cuarto de huéspedes.
4. Abuelo querrá que yo vaya a cazar con él.   5. Montserrat me invitará a hacer esquí acuático.

Answers to Video Activities

Lección 1

México

Preparación

Los lugares en México.

A. **la catedral** cathedral; **la pirámide** pyramid; **el museo** museum; **las ruinas** ruins; **el convento** convent; **el hotel** hotel; **el teatro** theater

B. ruinas, pirámide, museo, catedral, convento, hotel

C. ruinas, pirámide, museo, catedral, convento, hotel

Comprensión

Las ciudades de México.

1. la Ciudad de México   2. arqueológicas
3. los mayas y los aztecas
4. Guadalajara   5. mejor preservada
6. la catedral

Ampliación cultural

Otro país, otras culturas. *Answers will vary.*

Saludos y preguntas

Preparación

¿De dónde son?

A. Circled countries and cities should include: El Salvador, Panamá, Colombia, Perú, España, Paraguay, Ecuador, Quito, San Salvador, Madrid, Bogotá, Asunción, Ciudad de Panamá

B. Matched countries are: El Salvador/San Salvador, Panamá/Ciudad de Panamá, Bogotá/Colombia, El Paso/Los Estados Unidos, Madrid/España, Asunción/Paraguay, La Ciudad de México/México, Quito/Ecuador

Comprensión

¿De dónde es...?

1. Panamá   2. El Salvador
3. Puerto Rico   4. Colombia   5. Perú
6. Paraguay   7. Ecuador

Ampliación cultural

¿De dónde eres? *Answers will vary.*

Lección 2

Los mexicoamericanos

Preparación

San Antonio, ciudad de muchas culturas.

española: España / alemana: Alemania /
francesa: Francia / afroamericana: los
Estados Unidos, África / japonesa: Japón /
china: China / tejana: los Estados Unidos /
mexicana: México

Comprensión

De turista en San Antonio.

1. culturas   2. el Paseo del Río   3. 1968
4. 5   5. la misión San Antonio de Valero
6. el rodeo

Ampliación cultural

Cuando voy a San Antonio...
Answers will vary.

La vida universitaria

Preparación

A. **Las materias.** *Answers may vary, but
suggested answers include:* **Las materias:**
Español, Sociología, Materia de diseño,
Fotografía en blanco y negro,
Computación, Inglés, Introducción a la
comunicación, Historia de México; **Las
carreras:** Arquitectura, Ciencias de la
comunicación, Medicina, Administración
hotelera, Español, Sociología

Comprensión

A. **Los horarios de los estudiantes.**

Orlando:	9:00;11:00
Luis:	7:00-4:00; 7:00-2:00
Ivonne:	7:00-2:00
José:	2:00-9:00; 2:00-6:00

B. **¿Con quién estudian?**

Luis: 1. solo   2. unos compañeros de la
escuela

Carolina: 3. sola   4. su casa, su cuarto
Héctor: 5. solo   6. la biblioteca
7. su escritorio

Ampliación cultural

A. **¿Y dónde estudias tú?** *Answers will vary.*

B. **Diferencias y semejanzas.** *Answers will
vary.*

Lección 3

Miami: El Festival de la Calle Ocho de la Pequeña Habana

Preparación

¿Cuánto saben Uds. ya? 1. 1.000.000;
2. Miami, Florida;   3. puertorriqueños,
nicaragüenses, argentinos entre otros.
4. inglés, español

Comprensión

El Festival de la Calle Ocho. 1. todos los años
2. Miami   3. Muchas   4. a la reina   5. la
Calle Ocho

Ampliación cultural

A. **Un festival típico.** *Answers will vary.*

B. **Comparación y contraste.** *Answers will
vary.*

Un día muy ocupado

Preparación

Su rutina diaria. *Answers will vary.*

Comprensión

A. **¿Verdadero o falso?** 1. V   2. F, Pedro
come en casa con su familia.   3. V
4. F, Se levanta temprano, a las seis y media
de la mañana.   5. F, Tiene clases desde
las siete hasta las cuatro.   6. V   7. V
8. V   9. F, Sale antes de la cena.   10. F,
Tiene hijos.   11. V   12. F, Llega a las
ocho y diez.

B. **¿Quién lo dijo?** 1. c   2. e   3. a   4. b
5. d

Ampliación cultural

A. **La rutina diaria.** *Answers will vary.*

B. Los quehaceres de la casa. *Answers will vary.*

Lección 4

Puerto Rico: isla encantadora
El desfile puertorriqueño de Nueva York

Preparación

¿Qué saben Uds. de Puerto Rico? *Answers will vary.*

Comprensión

A. ¿Verdadero o falso?

Puerto Rico, isla encantadora
1. V   2. F, El Viejo San Juan tiene muchos ejemplos de la arquitectura colonial en galerías, cafés y restaurantes, hoteles, y plazas.   3. V   4. V   5. V
6. F, No hay playas en el Viejo San Juan, pero hay muchas playas en toda la isla de Puerto Rico.

El desfile puertorriqueño de Nueva York
1. F, en Nueva York.   2. F, en 1952.
3. V   4. V   5. F, Muchas personas asisten al desfile.   6. V

Ampliación cultural

A. Visita Puerto Rico, una isla extraordinaria. Answers will vary, but may include:

nadar / las playas de Puerto Rico

la arquitectura colonial / el Viejo San Juan

la historia española / el Viejo San Juan / el Castillo San Felipe del Morro

comer algo delicioso / un restaurante de comida puertorriqueña

visitar una fortaleza / el Castillo San Felipe del Morro

ver la ciudad / galerías, cafés, restaurantes, hoteles y plazas / el Parque de las Palomas

la ecología / El Yunque

B. Celebraciones hispanas. *Answers will vary.*

C. Dos culturas. *Answers will vary.*

La familia y el fin de semana
Preparación

¿Cómo es su familia? *Answers will vary.*

Comprensión

A. ¿Verdadero o falso? 1. V   2. F, Los hispanos pasan mucho tiempo con sus familias.   3. V   4. F, Tamara tiene dos hermanas.   5. V   6. V   7. V   8. F, Carolina tiene un hermano y una hermana.

B. ¿Qué piensan hacer?

Rita - salir con mis amigos

Ivonne - estar en mi casa

Pedro - ir a la playa

Carolina - ir a la fiesta de los latinoamericanos

Héctor - estudiar

Tamara - salir a comer, ir a bailar a discotecas

Ampliación cultural

A. Durante el fin de semana. *Answers will vary.*

B. Un árbol genealógico. *Answers will vary.*

Lección 5

Ecoturismo en Venezuela
Preparación

El mapa de Venezuela. B. norte: la cordillera de Mérida, sur: limita con Colombia y Brasil, sureste: los llanos del Orinoco y el Macizo de Guayana, noroeste: los llanos de Maracaibo

Comprensión

A. Ecoturismo en Venezuela. 1. V   2. F, Está a tres horas de Miami.   3. V   4. F, Sí, atrae muchos turistas a Venezuela.   5. V

Ampliación cultural

Dos culturas. *Answers will vary.*

Fiesta de despedida del año
Preparación

¿Cómo se celebra...? *Answers will vary.*
Comprensión

Despedir el año con Miriam. 1. a las doce
2. come   3. Feliz Año Nuevo   4. champán
5. muchos

Ampliación cultural

A. **¡Celebremos!** *Answers will vary.*

B. **Planes para una fiesta.** *Answers will vary.*

Lección 6

Panamá

Preparación

¿Cuánto saben Uds. ya? 1. Costa Rica, Colombia; 2. el Canal de Panamá. Es importante porque es una fuente de ingresos para Panamá y conecta el océano Pacífico con el océano Atlántico. 3. Conecta Suramérica con la América del Norte. Fue puerto inicial de importantes expediciones hacia Suramérica durante el período colonial.

Comprensión

¿Verdadero o falso? 1. V 2. V 3. F, está en la costa del Pacífico 4. F, Sí, es una ciudad moderna. 5. V 6. V

Ampliación cultural

Dos culturas. *Answers will vary.*

En el banco y en la oficina de correos

Preparación

Preguntas personales. *Answers will vary.*

Comprensión

A. **Mis diligencias.** 1. todos hacen las diligencias 2. los hermanos; la madre y el padre 3. la casa 4. en efectivo 5. es más fácil

B. **¿Entiendes?** 1. 8 años 2. le encanta 3. de lunes a viernes 4. sábados 5. la venta de estampillas

Ampliación cultural

Una encuesta. *Answers will vary.*

Lección 7

Costa Rica, costa linda

Preparación

¿Qué saben Uds. ya? *Answers will vary.*

Comprensión

A. **¿Verdadero o falso?** 1. F, Costa Rica no tiene ejército. 2. V 3. F, San José es la capital de Costa Rica. 4. V 5. V 6. F, Hay muchos parques nacionales en Costa Rica. 7. V 8. F, El quetzal es una especie de pájaro.

B. **Costa Rica.** 1. pequeño, democrático 2. importante 3. ciudad principal 4. playas, volcanes, montañas, plantaciones cafetaleras 5. carretas 6. mariposas, plantas

Ampliación cultural

Una entrevista. *Answers will vary.*

De compras

Preparación

A. **¿Cómo se viste...?** *Answers will vary.*

B. **La ropa de moda.** *Answers will vary.*

Comprensión

A. **¿Cómo se visten?** 1. jeans 2. camisetas 3. informal 4. ropa casual 5. jeans 6. ropa informal

B. **¿Quién lo dijo?** 1. d 2. d 3. f 4. e 5. a 6. b 7. c

C. **La moda de hoy.** 1. V 2. V 3. F, con ropa informal. 4. V 5. V 6. F, Hace calor.

D. **De compras.** 1. no 2. en las boutiques 3. en un almacén 4. muchos 5. muy buena 6. en un almacén 7. en una boutique 8. sí

E. **Entrevista.** 1. F, También venden camisas. 2. F, Venden las marcas Levi's, Wrangler y Manía. 3. V 4. F, Le gusta mucho el ambiente. 5. V 6. V

Ampliación cultural

A. **Vamos de compras.** *Answers will vary.*

B. **Mi ropa favorita.** *Answers will vary.*

Lección 8

Lima, Perú

Preparación

Lugares de Lima, Perú.

A. *Places seen:* la catedral, la fuente, las calles, el hotel, el parque, la plaza

B. *Places identified:* la ciudad, la Plaza de Armas, la municipalidad, la catedral, la plaza (y la Plaza de San Martín), la fuente

Comprensión

¿Verdardero o falso? 1. F   2. V   3. F   4. F   5. V   6. V   7. V

Ampliación cultural.

Comparación y contraste. *Answers will vary.*

La comida y hacer la compra

Preparación

De compras.

Foods seen: las naranjas, la lechuga, el queso, el chorizo, las manzanas, los plátanos (los guineos), las papas, los huevos

Foods identified: las manzanas, los plátanos, las naranjas

Comprensión

A. **¿Adónde voy para comprar…?** *Answers will vary.*

B. **Prefiero ir de compras…** 1. al supermercado   2. los viernes   3. muy poquito   4. se encuentra de todo   5. 15 días   6. tiendas pequeñas

Ampliación cultural

A. **Mi lista de compras.** *Answers will vary.*

B. **Las compras aquí y allá.** *Answers will vary.*

Lección 9

Santa Fe de Bogotá, Colombia

Preparación

¿Qué van a ver? *Prediction activity: Answers will vary.*

Comprensión

A. **¿Entiende?** 1. Seis millones   2. La Candelaria   3. Bolívar   4. veinte mil   5. precolombinas

B. **¿Cuál es la mejor respuesta?**

los tejados / las casas coloniales

las torres / la Catedral

la cúpula / la Capilla del Sagrario

los campanarios / la Iglesia de San Ignacio

una colección de piezas precolombinas / el Museo del Oro

los modernos rascacielos / las Torres del Parque

Ampliación cultural

Lo moderno y lo antiguo. *Answers will vary.*

La comida

Preparación

A. **¿Qué saben Uds. ya?** *Answers will vary.*

B. **¿Qué quieres comer?** *Foods seen are:* la fruta, el arroz, las manzanas, los frijoles, la carne, el queso, el pescado, el chorizo;

Foods identified: los frijoles, el arroz, la carne, el huevo, el chorizo.

Comprensión

La comida. 1. frijoles, arroz, maíz   2. carne   3. Es   4. las ciudades   5. fresco   6. Ecuador   7. después

Ampliación cultural

Comparación y contraste. *Answers will vary.*

Lección 10

La Patagonia en Chile

Preparación

¿Cuánto saben Uds. ya? 1. Santiago.   2. En la costa de Chile.   3. En el extremo sur de Chile y Argentina.   4. Muchas montañas, bosques y valles, lagunas y cataratas e inmensos glaciares.

Comprensión

La Patagonia. 1. una región   2. sur   3. 6.600   4. Chile y Argentina   5. ciudad

Ampliación cultural

A. **Otros países, otras culturas.** *Answers will vary.*

B. **Dos culturas.** *Answers will vary.*

En el hospital

Preparación

Expresiones útiles. *Answers will vary.*

Comprensión

A. **¿Cuál es la mejor respuesta?** 1. médico y jefe de laboratorio 2. Tienen pocos recursos. 3. Hacen análisis. 4. los médicos y los alumnos de la facultad de medicina 5. gastrointestinales

B. **Las partes del cuerpo.**

los problemas respiratorios / el pecho

los problemas gastrointestinales / el estómago

no fumar / la boca

no tomar / la boca

la alimentación / el estómago

el aspecto psicológico / la cabeza

el exceso de peso / el cuerpo entero

Ampliación cultural

A. **Más preguntas.** *Answers will vary.*

B. **Para mantenerse...** *Answers will vary.*

Lección 11

Ecuador: país en la mitad del mundo

Preparación

¿Qué saben Uds. de geografía? *Answers will vary.*

Comprensión

A. **¿Verdadero o falso?** 1. V 2. F, Pasa por Mitad del Mundo. 3. V 4. V 5. F, Los guardias protegen el Palacio de Gobierno. 6. V 7. V

B. **¿Cuál es la mejor respuesta?** 1. cero, cero, cero 2. Quito, Otavalo, Mitad del Mundo 3. la Catedral 4. uniformes tradicionales 5. de la Independencia 6. tráfico 7. Otavalo

Ampliación cultural

Lo indígena y lo colonial. *Answers will vary.*

La salud

Preparación

A. **Mente sana en cuerpo sano.** *Answers will vary.*

B. **La asistencia médica.** *Answers will vary.*

Comprensión

A. **Para conservar la salud.** 1. ejercicio 2. carnes rojas 3. consume drogas 4. caminar 5. las reglas universales

B. **¿Quién lo dijo?** 1. b 2. d 3. a 4. c

C. **Verdadero o falso?** 1. F, Sí, la reciben. 2. V 3. F, Sí, incluye las medicinas. 4. F, Es para todo el mundo. 5. F, Son buenos. 6. V 7. V 8. F, Hay carencia de medicinas.

Ampliación cultural

A. **Para conservar mejor la salud.** *Answers will vary.*

B. **Cuando fui al médico...** *Answers will vary.*

Lección 12

Buenos Aires, Argentina

Preparación

¿Cuánto saben Uds. ya? *Answers will vary.*

Comprensión

Buenos Aires. 1. París 2. franceses, alemanes, italianos, españoles 3. anchas 4. italianos 5. el tango

Ampliación cultural

Otros países, otras culturas. *Answers will vary.*

De viaje

Preparación

¿Viajas mucho? *Answers will vary.*

Comprensión

A. **Muchos países.** *Countries visited:* Argentina (twice), Bolivia, Brasil, Chile, Colombia (twice), Egipto, España, Estados Unidos (four times), Francia (twice),

Grecia, Irlanda, Israel, Marruecos, México (three times), Paraguay, Perú, Portugal, República Dominicana (twice), Suiza, Turquía, Uruguay, Venezuela

B. ¿Cuál es la mejor respuesta? 1. Es agente de viajes.   2. Son norteamericanos, canadienses, europeos, mexicanos y japoneses.   3. Hacen reservaciones de autobús, avión, cruceros, tours. Hay todo tipo de servicio.   4. Porque es el idioma que más utiliza para comunicarse con sus clientes.   5. Para poder hacer una buena labor de venta.

Ampliación cultural

Soy agente de viajes. *Answers will vary.*

Lección 13

Paraguay

Preparación

Las aguas de Paraguay. *Answers will vary.*

Comprensión

¿Verdadero o falso? 1. F, Es Asunción.   2. V
3. F, Lo divide en dos regiones.   4. F, El río Paraná es la única salida al mar.   5. V   6. V

Ampliación cultural.

Los ríos de Paraguay. *Answers will vary.*

De vacaciones

Preparación

Las vacaciones. *Answers will vary.*

Comprensión

A. ¿Verdadero o falso? 1. F, La mayoría de los estudiantes entrevistados fueron a sus casas.   2. V   3. V   4. F, Zaida fue a Caracas, Venezuela para visitar a su familia.   5. V   6. V   7. F, Carolina no sabe con quién va a viajar.   8. F, Los estudiantes entrevistados prefieren viajar en avión.

B. ¿Cuál es la mejor respuesta? 1. pasaron las vacaciones en su país   2. Buenos Aires   3. avión   4. España   5. Canadá y los Estados Unidos   6. el Medio Oriente

Ampliación cultural

Mis planes para un viaje. *Answers will vary.*

Lección 14

Madrid: ciudad sin igual

Preparación

Temas para investigar. *Answers will vary.*

Comprensión

A. ¿Cuál es la mejor respuesta? 1. adoran Madrid   2. tomar un autobús o el metro   3. mundial   4. una deliciosa paella

B. Los monumentos de Madrid. una estación de tren: Puerta de Atocha / fuentes: Neptuno, la Cibeles / museos: Centro de Arte Reina Sofía, El Prado / una estación de metro: la Puerta del Sol / estatuas: Felipe IV, Cristóbal Colón / un parque: el (Buen) Retiro / una plaza: la Puerta del Sol / *Descriptions will vary.*

Ampliación cultural

Mi pueblo lo tiene todo... *Answers will vary.*

Recuerdos del pasado

Preparación

Recuerdos... *Answers will vary.*

Comprensión

¿Cuál es la mejor respuesta? 1. pobre
2. difícil   3. alegres   4. teatro   5. escribió y dirigió   6. nacional   7. tres   8. abuelo paterno   9. una hamaca   10. las hamacas
11. la ciudad   12. mucha   13. más

Ampliación cultural

Mis vacaciones típicas. *Answers will vary.*